うかる！司法書士

勝負を決める[illegible]択集

宇津木卓磨
伊藤塾 編

日本経済新聞出版

はしがき

「なぜいつも５つの選択肢のうち，最後の２択で間違えてしまうのだろう？」

この悩みは多くの受験生に共通するものです。

２択で迷ってしまう大きな原因は，知識の整理ができていないことです。

本書は，これまで一冊の本のテーマとして取り扱われることがなかった，**“２択”に焦点をあて，知識の比較整理と解答スピードの向上を目指す試験攻略本**です。

一見すると似ているが結論が異なる問題2問（２択）を起点として，その思考プロセスをわかりやすく記載した，**従来にない学習モデルを提唱**しています。

単なる２択を並べた問題集ではなく，問題文のどのキーワードに着眼点を置いて問題を解けばいいのかを明示することにより，解法スキルが身につき，解答スピードアップを図ることができるなど，様々な工夫を施しました。

思考プロセスと解説 の部分を精読すれば，限られた知識から効率よく知識の比較整理を行うことができ，**最後の２択の判断で勝負ができるようになります**。

本書を有効活用し，司法書士試験合格を勝ち取っていただければ，これ以上の喜びはありません。そして，司法書士試験の垣根を超えて選択式で出題されるその他の資格試験の学習においても，この学習モデルが取り入れられることを夢見ています。

本書を出版するにあたっては，本当に多くの方々のご協力をいただきました。特に，様々なアドバイスをくださり，いつも激励してくださった伊藤塾の恩師である蛭町浩先生には厚くお礼を申し上げたいです。

そして何よりも，夢に向かい努力を継続する受験生の方々に，心からの感謝と共に本書を捧げます。

2020年9月吉日

伊藤塾司法書士試験科講師
宇津木 卓磨

目 次

第３編　担保物権

第４編　債権総論

第５編　債権各論

第６編　親族法

第７編　相続法

不動産登記法

第１編　不動産登記各論

第2編　不動産登記制度

会社法・商業登記法

第1編　設　立

第2編　株式・新株予約権

第3編　機　関

第4編　計　算

第5編　解散・清算

第6編　持分会社

第7編　組織再編等

第8編　商業登記法総論

第9編　その他の登記

・本書は2020年10月1日時点の現行法令に準じて作成されています。
・法改正・判例変更等の新情報は，軽微なものを除き，改訂時に対応いたします。
・刊行後の法改正などの新情報は，伊藤塾ホームページ上に掲載しています。
https://www.itojuku.co.jp/shiken/shihoshoshi/index.html

本書の特長

1　２択を切り口に類似知識を整理

択一式の組み合わせ問題を解いている際に，選択肢のうち，もう一つの正誤がわかれば，この問題を正解できるのに，と悔しい思いをした経験は誰しもあるのではないでしょうか。

択一式問題において，残り２つの選択肢までは答えを絞り込むことはできるのに，そこから先でつまずいてしまう受験生は多いです。最後の２択の正誤判断が自信をもってできるようになれば，それだけ合格に近づきます。

そもそも，どうして２択で迷ってしまうのでしょうか。主な理由として次の２つが考えられます。

① **基礎知識が足りない**
② **類似知識が整理できていない**

①については，単なる勉強不足の一言に尽きますが，②については，実力があってもできている受験生は少ないように感じます。

「この問題は，どこかで見たことあるな。似たような知識がいくつかあったな。この問題で当てはめる知識ってＡとＢのどっちだっけ？」

というような，まさに知識に穴が開いている状態です。

本書では，このような**混同しやすい類似知識を，２択問題を切り口に比較整理していくことで，本試験で使える知識が身につく従来にない学習モデルを提唱**しています。

また，解説も記憶に残りやすいようにできる限り噛み砕いて，丁寧に書き下ろしました。２択問題を解いた上で，**思考プロセスと解説**を繰り返し精読すれば，根本の理解を伴った記憶ができると自負しております。

2 普段の学習ツールに最適

司法書士試験は学習範囲が膨大なため，メリハリを付けて学習する必要があります。

すなわち，真っ先に学習するべき重要な分野と，後回しにしてもよい分野をしっかりと判別することが重要となります。その上で重要な分野を反復学習しなくてはなりません。

本書では，**試験勉強をする上で優先的に取り組むべき重要分野に絞り込み，知識の比較の観点から学習効率が良い２択を抜粋**して掲載しています。

そのため，普段の基礎固めや直前期の絞り込み学習のツールとして最適です。

また，２択問題で構成されているため，コマ切れ時間などを活用してスピーディーに知識をアップデートすることができます。

3 解答スピードの向上

近年の本試験の傾向を見ると，午後の部の択一式問題の難易度が上がり，記述式問題の分量が増えています。2020年の本試験でも午後の部の択一式問題は難易度が高く，長文問題が目立ちました。**時間との戦いとなる午後の部においては，択一式問題をいかに“速く正確に”解くことができるかが合否の分かれ目になります。**

そのためには，漠然と問題を解くのではなく，問題を解く上で重要となるキーワードに着目しながらテンポよく解答する必要があります。

そこで本書では，**問題を速く解くテクニックを伝授**しています。

具体的には，**問題ごとに問題文の重要なキーワードを色文字で強調した上で，２択の決め手 として当該分野が出題された際のチェック事項を記載**する工夫がされています。

是非，本書を通じて，重要なキーワードを素早く発見し，問題を解くために必要な知識をスピーディーに想起できるよう訓練を重ねていきましょう。

本書の使い方

本書は，混同しやすい知識を２択問題で比較整理していくことで，本試験で的確な正誤判断ができる力を身につけるものです。本書を効果的に活用するために，以下を読んでから学習を始めましょう。

1 テーマの全体像をつかもう

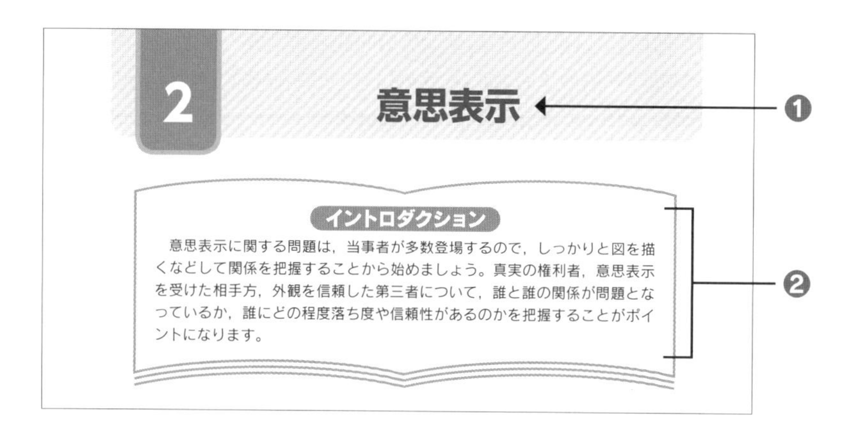

❶ この章で学習するテーマです。まずは，頭の整理のためにも，学習する科目のどこを学習するのかを確認しましょう。

❷ これから学習するテーマのポイントや学習指針を記載しています。イントロダクションに目を通して，どのように学習していけばよいかをイメージしてから当該テーマの学習を開始しましょう。

2 ２択問題を解いてみよう

❸ 取り扱う問題のテーマです。主な内容が一見してわかるようなタイトルになっています。

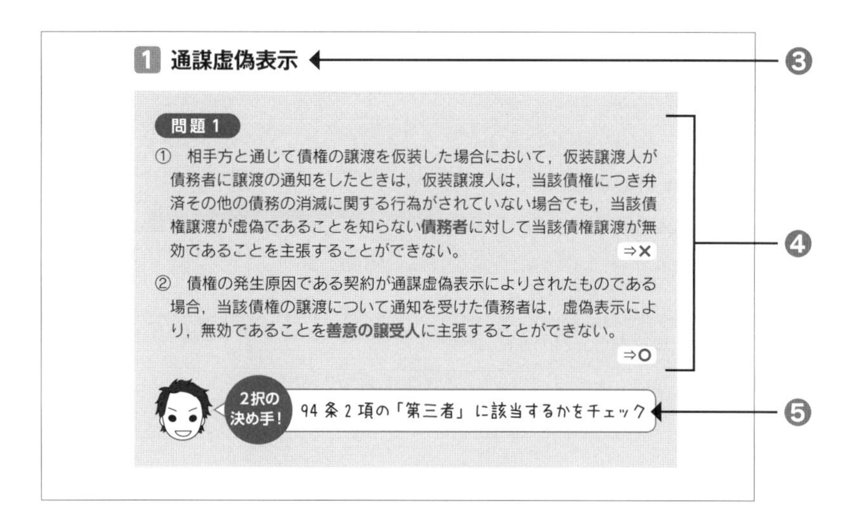

❹ 問題は，司法書士試験の過去問やオリジナル問題を中心に掲載しています。一見似ているけれど結論が異なる知識を出題しているため，ここにある2択から知識を効率的に押さえることができます。

❺ 問題を解く前に 2択の決め手! を読むことで，問題文のどこに注目すればよいのかが把握しやすくなります。また，問題文では，着目すべきキーワードを色文字にしています。これにより当該テーマの重要なキーワードを可視化でき，解答までのスピードを速くすることができます。

3 思考プロセスを押さえ，知識を比較整理しよう

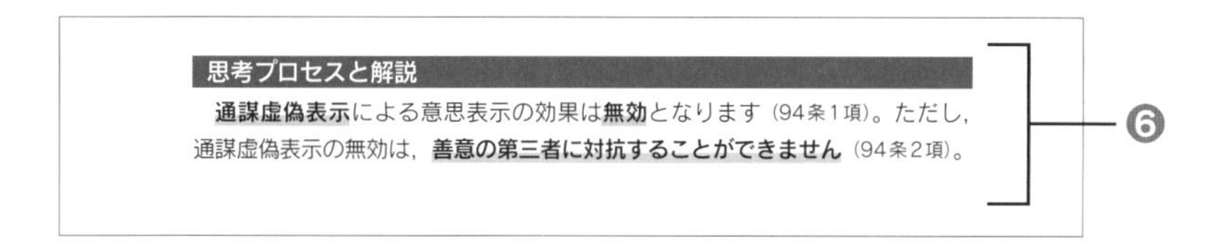

❻ **思考プロセスと解説** では，インプットした知識を使い，解答にたどり着くまでの思考の順序やポイントを丁寧に記載しています。間違えた問題は特に精読し，知識をブラッシュアップしましょう。

❼ 各問題に関連する知識を，図表を使い整理してあります。試験前の知識の確認にも役立ちます。

● 催告の効果まとめ

催告の相手方	１か月以上の期間を経過しても確答がない場合の効果
未成年者・成年被後見人 (意思表示の受領能力のない者)	何らの効力も生じない ∵ 意思表示の受領能力がないから
上記以外の制限行為能力者 (単独で追認できない者)	取り消したものとみなす ∵ 単独で追認することができないため，追認したものとみなされない
保護者又は行為能力者となった者 (単独で追認できる者)	追認したものとみなす ∵ 単独で追認することができるため，追認したものとみなされる

❼

❽ 伊藤塾に受験生からよく寄せられる質問を，Q＆A形式でまとめました。意外に知識があやふやであったり，見落としていた知識もあるはずです。ここを通して，理解を深めておきましょう。

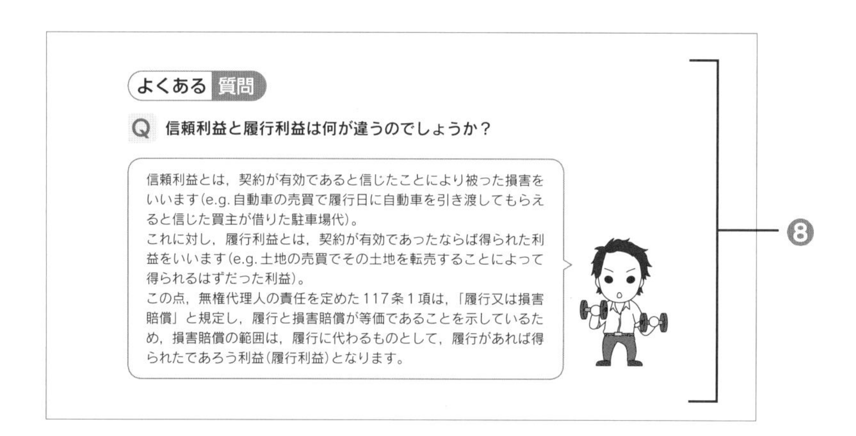
よくある質問

Q 信頼利益と履行利益は何が違うのでしょうか？

信頼利益とは，契約が有効であると信じたことにより被った損害をいいます(e.g. 自動車の売買で履行日に自動車を引き渡してもらえると信じた買主が借りた駐車場代)。
これに対し，履行利益とは，契約が有効であったならば得られた利益をいいます(e.g. 土地の売買でその土地を転売することによって得られるはずだった利益)。
この点，無権代理人の責任を定めた117条１項は，「履行又は損害賠償」と規定し，履行と損害賠償が等価であることを示しているため，損害賠償の範囲は，履行に代わるものとして，履行があれば得られたであろう利益(履行利益)となります。

❽

⑨ チェックポイントは，取り扱った各テーマの 2択の決め手！ と結論を簡潔に記載したものです。各テーマの最後に読むことによって，知識の復習となり，記憶に残りやすくなります。

4 学習開始にあたり

本書では，細かい分野の記載は省き，試験対策上重要な分野・問題に絞っています。択一式試験において，合格点に到達するためには，**多くの受験生が正解することができる基本的な問題を絶対に間違えない**ことが重要です。そのためにも，まずは，本書の問題を繰り返し解き，**思考プロセスと解説** を精読し，確実な知識を身につけるように努めてください。反復利用することにより，理解も深まっていくと同時に，**重要な事項を，スピード感をもって合理的に学習する習慣**が身についていきます。

その習慣がついてしまえば，猛スピードで合格までの最短距離を走り切ることができるようになります。どの資格試験でも同様ですが，重要な知識の土台がなければ，その上に知識を積み増していくことはできません。

繰り返しになりますが，土台をしっかりと固めることを最重視してください。本書をきっかけに，しっかりと土台を築き，合格を勝ち取っていただければ幸いです。

凡　例

1　法令名の表記

根拠条文や参照条文を表すカッコ内の法令名は，各部の科目に該当する法令名は省略し，数字のみの記載となっています。ただし，他の法律の後に併記されている場合は，「法」が付いています。また，各部の科目に該当する規則については「規」のみの記載となっています。例えば，不動産登記法分野において（規１）と記載がある場合，それは不動産登記規則１条を指します。

その他，以下のとおり略記しました。

一般財団法人及び一般財団法人に
　関する法律……法人
民　法……民
商　法……商
会社法……会社
借地借家法……借地借家
不動産登記令……令

2　条文の表記

法令名に続くアラビア数字は，条文（番号）を表します。また，必要に応じ，各項に対応してⅠⅡⅢ……（ローマ数字）を，各号に対応して①②③……を付しました。

その他，以下のとおり略記しました。

括弧書……括，ただし書……但，柱書……柱

例えば，「74 Ⅰ①前」は，「○法第 74 条第１項第１号前段」を意味します。また，条文を併記するときは，〈，〉（コンマ）で，準用を表すときは〈・〉で区切ってあります。

3　判例・先例の表記

判例については，①最高裁の大法廷を「最大」，その他を「最」，大審院の連合部を「大連」，その他を「大」，②判決を「判」，決定を「決」，③元号及び年月日については，元号の明治・大正・昭和・平成・令和をそれぞれ「明・大・昭・平・令」，年月日を「○．○．○」と略記しました。例えば，「最大判昭 49.11.6」は，「昭和 49 年 11 月６日最高裁大法廷判決」を意味します。

先例については，発出年月日・発出機関・先例番号・先例の種類で表記しました。先例の種類は，回答を「回」，通達及び通知を「通」と略記しました。したがって，「昭 34.12.18 民甲 2842 回」は「昭和 34 年 12 月 18 日民事甲第 2842 号民事局長回答」を意味します。

4　記号の説明

e.g.……　具体例
cf.　……　比較しておさえるべき事項
∵　……　趣旨や理由。理解，記憶する際の補助として活用しましょう
＊，※……　補足事項

5　参考文献

本書を作成するにあたり，以下の文献・資料を参考にさせていただきました。

●**民　法**

・潮見佳男『民法（債権関係）改正法の概要』（きんざい・2017）
・潮見佳男『民法（全）［第２版］』（有斐閣・2019）
・筒井健夫＝村松秀樹『一問一答民法（債権関係）改正』（商事法務・2018）
・堂薗幹一郎＝野口宣大『一問一答新しい相続法』（商事法務・2019）

●**不動産登記法**

・香川保一編著『新訂不動産登記書式精義　上・中・下』（テイハン・1994）
・筒井健夫＝村松秀雄編著『民法（債権関係）改正』（商事法務・2018）
・堂薗幹一郎＝野口宣大編著『一問一答　新しい相続法――平成30年民法等（相続法）改正，遺言書保管法の解説』（商事法務・2019）
・法務省民事局『登記研究』（テイハン）
・法務省民事局『民事月報』（法曹会）
・『不動産登記記録例集』（テイハン）

●**会社法**

・神田秀樹『会社法［第22版］』（弘文堂・2020）
・岩崎友彦＝西村修一＝濱口耕輔編著『令和元年改正会社法ポイント解説Ｑ＆Ａ』（日本経済新聞出版社・2020）
・坂本三郎『一問一答　平成26年改正会社法［第２版］』（商事法務・2015）
・奥島孝康・落合誠一・浜田道代編『新基本法コンメンタール　会社法１～３［第２版］』（日本評論社・2015，2016）

●**商業登記法**

・登記研究編集室編『商業登記書式精義［全訂第６版］』（テイハン・2019）
・松井信憲『商業登記ハンドブック［第３版］』（商事法務・2015）
・味村治『詳解商業登記［新訂版］』（民事法情報センター・1996）

●**一般社団法人及び一般財団法人に関する法律**

・新公益法人制度研究会編著『一問一答　公益法人関連三法』（商事法務・2006）
・江原健志編『一般社団・財団法人法の法人登記実務』（テイハン・2009）

本書購入者へ
向けた

一歩進んだ効果的活用法

1 確かな最新情報を入手する！

伊藤塾では，司法書士試験に役立つ情報を，ホームページやSNS（YouTube，Twitter，Facebook）等で定期的にお届けしています。より効率的な学習ができるように最新情報を取得して，合格を目指しましょう。

試験情報や法改正情報，合格者の学習法，無料イベント司法書士実務家無料講演会など，受験生に有益で正確な最新情報をホームページで発信しています。定期的にチェックして，受験勉強に役立てましょう！

[1] 伊藤塾司法書士ホームページから
——Web体験講義・無料公開講座・ガイダンス

最新のガイダンス・無料講義を自分の都合のつく時間に見たい！

Webで

伊藤塾校舎が遠い方やご都合が合わない方は，伊藤塾の無料ストリーミングでガイダンスや体験講義にご参加ください。

伊藤塾　検索

講師や伊藤塾合格者スタッフの話を直接聞きたい，相談したい！

伊藤塾校舎で

入門講座担当講師等が試験の制度から講座の特長，合格の秘訣をお伝えします。日程は伊藤塾ホームページでご確認ください。

ガイダンス内容

- 司法書士の魅力
- カリキュラム・日程 など
- 司法書士試験合格の秘訣
- 司法書士試験の概要
- 受講料に関する相談

伊藤塾 司法書士試験ホームページ
https://www.itojuku.co.jp/shiken/shihoshoshi/index.html

[2] SNSから――YouTube，Twitter，Facebook

伊藤塾チャンネル
公式 YouTube

伊藤塾 司法書士試験科
公式 Twitter

伊藤塾 司法書士試験科
公式 Facebook

伊藤塾講師・伊藤塾出身合格者・司法書士実務家による，学習方法をはじめ，司法書士業務に関する動画を配信しています。

2 無料公開講座を活用する！

伊藤塾には，合格に役立つ最新情報を提供している無料で受講できる公開講座があります。伊藤塾生でなくても，どなたでもご参加いただけます。これらは無料ストリーミングで配信もしていますので，来校の難しい場合でも，講義を視聴することができます。

また，既刊講座等の講義内容のイントロダクションになっている無料公開講座もありますので，講座を受講する予定の方，受講を迷われている方，初めて伊藤塾を利用する方も，ぜひご活用ください。

3 無料カウンセリングで学習相談をする！

伊藤塾では，勉強方法や受講相談など，試験に関連する質問を，講師に直接マンツーマンで相談できる「パーソナルカウンセリング制度」を用意しています。

「どのように勉強をすればよいのか？」

「どのように学習スケジュールを組み立てればよいのか？」etc

学習を進めていくと湧いてくる疑問や悩みに，伊藤塾講師陣が丁寧に対応しますので，ぜひご活用ください。

民　法

民法は身近に感じやすく，イメージがわきやすい科目ですが，知識を多角的に問われる科目です。つまり，単純に条文通りではなく，ひねって問われることが多いので苦手意識を持つ受験生が非常に多いです。民法を克服するには，**制度趣旨の理解**が不可欠です。制度趣旨を理解することで，未知の問題にも一定のアプローチがとれるようになります。根気よく頑張りましょう。

特別講義配信

民　法　第1編

総　則

1　制限行為能力者制度

イントロダクション

制限行為能力者制度は，“自己決定権の尊重”をしつつ，“取引の相手方の保護”を図る目的があるため，この２点を意識して学習することが重要です。ここでは自己決定権の尊重に関連して，審判の開始についての本人の同意の要否を，また，取引の相手方の保護に関連して，催告を取り扱います。

1　自己決定権の尊重

問題１

① 配偶者の請求により**保佐開始の審判**をする場合には，本人の同意がなければならない。 ⇒✕

② 配偶者の請求により**補助開始の審判**をする場合には，本人の同意がなければならない。 ⇒○

2択の決め手！ 保佐開始の審判か補助開始の審判かをチェック

思考プロセスと解説

本人以外の者の請求によって，保佐開始，補助開始の審判をする際に，**本人の同意が必要**となるかが問題となりますが，制限行為能力者の自己決定権は**判断能力のレベルに応じて重視**されます。

⇩ よって

被補助人は判断能力が高いため，本人の自己決定権がより重視されることから，補助開始の審判において本人の同意が必要となりますが，被保佐人は被補助人ほど判断能力が高くないため，保佐開始の審判においては，**本人の同意は不要**となります。

なお

成年後見，保佐，補助開始の審判はいずれも**本人の請求によっても**することができます（7条，11条，15条）。

● **審判と本人の同意**　　○：本人以外の申立ての場合は必要　×：不要

低　判断能力　高

	開　始	同意権付与	代理権付与
成年被後見人	×	×	×
被 保 佐 人	×	×	○
被 補 助 人	○	○	○

2 催　告

問題 2

① 未成年者Aが，A所有のパソコンをAの唯一の**親権者B**の同意なく成年者Cに売る契約（以下「本件売買契約」という。）を締結した場合において，Aが成年に達する前に，Cが**Bに対し**，1か月以上の期間を定めて本件売買契約を追認するかどうか催告したにもかかわらず，Bがその期間内に確答を発しなかったときは，Bは，本件売買契約を追認したものとみなされる。　⇒○

② A及びBの親権に服する**未成年者C**が，Dとの間で金銭消費貸借契約を締結した場合において，Dが，**Cに対し**，1か月内に当該契約を追認するか否かを確答すべき旨を催告したにもかかわらず，1か月経過後もCから何らの返答もなかったときは，追認したものとみなされる。　⇒×

誰に対して催告をしているかチェック

思考プロセスと解説

ここでの“催告”とは，**取り消すことができる行為を追認するかどうかをはっきりするよう求めること**をいいます。制限行為能力者であることを理由に取り消すことができる状態が続くと，その相手方はいつ取り消されるかもわからない不安定な立場に立たされます。そこで，追認するかどうかをはっきりするよう催告をする権利を**相手方に認める**ことによって，**相手方を保護**しているのです（20条）。

そして

設問①では，親権者のBに対して催告がされています。親権者に対して催告をした場合は，親権者は単独で追認できる者に該当するため（122条），**追認したものとみなされる効果が生じる**ことになります。

一方

設問②では，未成年者に対して催告がされており，未成年者にはそもそも意思表示の受領能力がないため（98条の2），当該催告は効力を生じません。よって，**追認したものとみなされる効果は生じません**。

● **催告の効果まとめ**

催告の相手方	1か月以上の期間を経過しても確答がない場合の効果
未成年者・成年被後見人（意思表示の受領能力のない者）	何らの効力も生じない ∵　意思表示の受領能力がないから
上記以外の制限行為能力者（単独で追認できない者）	取り消したものとみなす ∵　単独で追認することができないため，追認したものとみなされない
保護者又は行為能力者となった者（単独で追認できる者）	追認したものとみなす ∵　単独で追認することができるため，追認したものとみなされる

チェックポイント

1 自己決定権の尊重

・**保佐開始の審判か補助開始の審判かをチェック**

配偶者の請求により保佐開始の審判をする場合には，本人の同意は不要　cf. 補助開始の審判

2 催　告

・**誰に対して催告をしているかチェック**

未成年者，成年被後見人には意思表示の受領能力がないため，催告は何らの効力も生じない

2 意思表示

イントロダクション

意思表示に関する問題は，当事者が多数登場するので，しっかりと図を描くなどして関係を把握することから始めましょう。真実の権利者，意思表示を受けた相手方，外観を信頼した第三者について，誰と誰の関係が問題となっているか，誰にどの程度落ち度や信頼性があるのかを把握することがポイントになります。

1 通謀虚偽表示

問題 1

① 相手方と通じて債権の譲渡を仮装した場合において，仮装譲渡人が債務者に譲渡の通知をしたときは，仮装譲渡人は，当該債権につき弁済その他の債務の消滅に関する行為がされていない場合でも，当該債権譲渡が虚偽であることを知らない**債務者**に対して当該債権譲渡が無効であることを主張することができない。 ⇒**×**

② 債権の発生原因である契約が通謀虚偽表示によりされたものである場合，当該債権の譲渡について通知を受けた債務者は，虚偽表示により，無効であることを**善意の譲受人**に主張することができない。 ⇒**○**

94条2項の「第三者」に該当するかをチェック

思考プロセスと解説

通謀虚偽表示による意思表示の効果は**無効**となります（94条1項）。ただし，通謀虚偽表示の無効は，**善意の第三者に対抗することができません**（94条2項）。

ここで

94条2項の「第三者」とは，虚偽表示の当事者及びその包括承継人以外の者で，虚偽表示に基づいて**Ⅰ．新たに，Ⅱ．独立の，Ⅲ．法律上の利害関係を有するに至った者**をいいます。事例ごとにこの「第三者」に該当するかどうかを当てはめていきます。

そして

設問①の**仮装譲渡された債権の債務者**は，「**Ⅰ．新たに**」**の要件を欠く**ので，94条2項の**「第三者」には当たりません**。よって，債権の仮装譲渡人は，善意の債務者に対し，債権譲渡が無効であることを主張することができます（94条2項）。

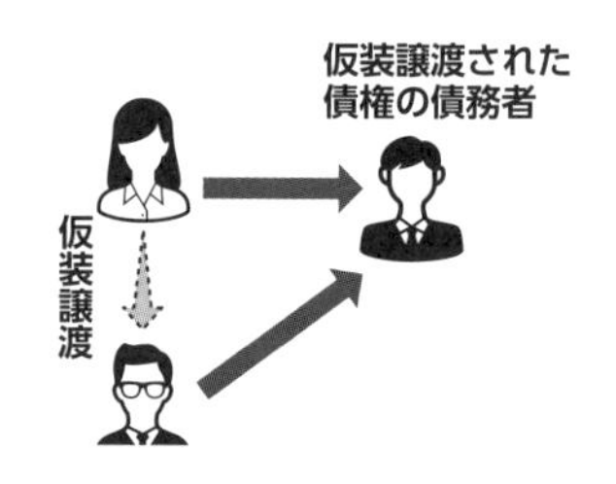

一方

設問②の**仮装債権の譲受人**は「**Ⅰ．新たに**」**の要件を満たし**，94条2項の**「第三者」に該当する**ので，当該債権の譲渡について通知を受けた債務者は，虚偽表示であることを善意の譲受人に主張することができません。

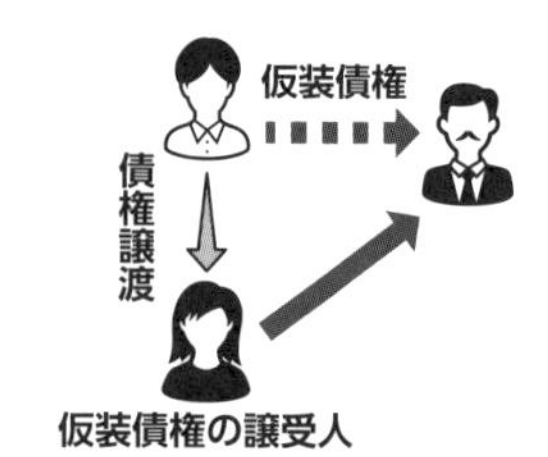

● **保護される「第三者」の具体例**

該当する	該当しない
①　不動産の仮装譲受人から更に譲り受けた者及び転得者 ②　不動産の仮装譲受人から抵当権の設定を受けた者 ③　仮装の抵当権の転抵当権者 ④　仮装債権の譲受人 ⑤　虚偽表示の目的物に対して差押えをした者	❶　仮装譲受人に対する一般債権者 ❷　仮装譲渡された債権の債務者 ❸　土地が仮装譲渡されて建物が建築された場合の借家人 ❹　土地賃借人が，土地上の建物を仮装譲渡した場合の土地賃貸人

2 94条2項類推適用

問題 2

① 甲不動産をAとBが共同で売買により取得したが，Aは，Bに**無断で単独所有の登記**をしたところ，Bはその**事実については知らなかった**。その後，Aは，Cとの間で甲不動産の売買契約を締結し，Cへの所有権移転登記をした。甲不動産がAとBの共有であることをCが知らなかった場合でも，Bは，Cに対し，自己の共有持分を主張することができる。 ⇒○

② 甲不動産につきAはBに**無断でA単独所有の登記を経由**したが，Bがその**事実を知りながら長期間これを放置**していた。この場合に，AはCとの間で甲不動産の売買契約を締結し，Cへの所有権の移転の登記を経由したときは，甲不動産の所有者がBであることをCが知らなかったとしても，Bは，Cに対し，甲不動産の所有権を主張することができる。 ⇒×

権利者本人に帰責性があるかチェック

思考プロセスと解説

通謀虚偽表示そのものの事例でなくとも，**Ⅰ．虚偽の外観の作出，Ⅱ．権利者本人の帰責性（落ち度），Ⅲ．虚偽の外観に対する第三者の信頼**の要件を備えれば，**94条２項の類推適用**が認められます。94条２項類推適用の可否が出題された場合は**権利者本人に帰責性があるか**を確認します。

そして

設問①，②の事例はともに，Aが無断で登記を経由している点では共通していますが，**①では**権利者であるBはその事実を知らないことから，**帰責性がありません**。一方，**②では**Bがその事実を知りながら長期間これを放置しているとの記述からBに**帰責性がある**と判断できます。

したがって

設問①の事例では，94条２項を類推適用することはできず，甲不動産がAとBの共有であることをCが知らなかった場合でも，Bは，Cに対し，売買によって取得した自己の共有持分を主張することができます。

一方

設問②の事例では94条２項を類推適用することができるため，Bは，Cに対し，甲不動産の所有権を主張することができません（最判昭45.9.22）。

3 詐欺及び強迫

問題３

① AがBの**詐欺**により甲土地をBに譲渡し，更にBが**善意・無過失**のCに転売し，それぞれ所有権の移転の登記を経由した場合，Aは，Bに取消しの意思表示をすれば，Cに対し，その登記の抹消を請求することができる。 ⇒✕

② AがBの**強迫**により甲土地をBに譲渡し，更にBが**善意・無過失**のCに転売し，それぞれ所有権の移転の登記を経由した場合，Aは，Bに取消しの意思表示をすれば，Cに対し，その登記の抹消を請求することができる。 ⇒○

2択の決め手！ 第三者の保護をチェック

思考プロセスと解説

詐欺と強迫を比較した際，詐欺の場合は，表意者にも一定の落ち度が認められますが，強迫の場合は表意者に落ち度はありません。このことを考慮して，**強迫による取消前の第三者については保護規定がありません。**

一方

詐欺の場合は，取消前の第三者は，善意・無過失であれば保護されます（96条３項）。

よって

設問①では，善意・無過失のCに対し登記の抹消を請求することができませんが，設問②では，善意・無過失のCに対してもその登記の抹消を請求することができることになります。

なお

取消後の第三者は，不動産物権変動が問題となる事例では，取消後は取消権者も登記を備えることができるので，177条によって規律されることになります(大判昭17.9.30)。この点は詐欺と強迫で違いはでません。

● **意思表示の規定における第三者保護のまとめ**

心裡留保	通謀虚偽表示	錯誤	詐欺	強迫
善意	善意	善意・無過失	善意・無過失	なし

チェックポイント

1 通謀虚偽表示

・94条2項の「第三者」に該当するかをチェック

仮装譲渡された債権の債務者は第三者に該当しない
cf.仮装債権の譲受人

2 94条2項類推適用

・権利者本人に帰責性があるかチェック

本人に帰責性がある場合，本人は保護されない

3 詐欺及び強迫

・第三者の保護をチェック

強迫による取消前の第三者に第三者保護規定はない

3 代　理

イントロダクション

代理は論点が多く，当事者が多数登場するので，事案が複雑になることが多いテーマです。ここでは，“顕名”と“無権代理”を扱います。

顕名の設問では，相手方が効果の帰属先を知ることができるかがポイントになります。

無権代理と相続の設問では，本人と無権代理人のどちらに相続が生じているのか，場合分けをしっかりしながら解いていきましょう。

1 顕　名

問題 1

① AがCから甲動産を購入するための代理権をBから授与されている場合において，**AがBの代理人であることを示さずに，自らがBであると称して**，Cとの間で甲動産の売買契約を締結したときは，AC間ではなく，**BC間**の売買契約が成立する。 ⇒○

② 代理人AがBのためにする意思を有していたものの，Bの代理人であることを示さずに，Cとの間で甲動産の売買契約を締結し，その**契約書の売主の署名欄にAの名前だけを書いた場合**，**CにおいてAがBのために売買契約を締結することを知ることができたとき**は，AC間ではなく，**BC間**の売買契約が成立する。 ⇒○

2択の決め手！　相手方が効果の帰属先を了知しているかチェック

思考プロセスと解説

代理において顕名が要求される趣旨は，**相手方に効果の帰属先（＝本人）を了知させることにある**ところ（99条1項），署名代理（代理人が直接本人の名で，本人自身が行為をするような外観で行為した場合）であっても，相手方は効果の帰属先を知ることができるため，有効な顕名となります（大判大9.4.27）。

よって

設問①の場合，代理人であるAは自らが本人のBであると称しているため，**BC間に売買契約が成立**します。

そして

先に述べたとおり，代理において顕名が要求される趣旨は，相手方に効果の帰属先（＝本人）を了知させることにあるわけですから，相手方が効果の帰属先を知り，又は知ることができたときは（悪意又は有過失），顕名の要件を満たすとされています（100条但・99条1項）。

したがって

設問②では，CにおいてAがBのために売買契約を締結することを知ることができたときは，**BC間に売買契約が成立**することになります（100条但）。

● 顕名まとめ

意　義		代理行為の効果が本人に帰属するためには，原則として顕名が必要である(99 I)。顕名とは，代理人が代理行為をするときに「本人のためにすること」を示すことをいう。
形　式		・通常は「A代理人B」(Aが本人，Bが代理人)と表示するが，必ずしもこの形式による必要はない。 ・代理人が直接本人の名で，本人自身が行為をするような外観で行為した場合(署名代理)でも，取引主体(効果帰属主体)が明らかになるので，顕名の要件を満たすと解されている(大判大9.4.27)。
代理意思		顕名には，本人のためにする意思(代理意思)が必要である。これは，法的効果を本人に帰属させる意思を意味し，本人に経済的利益を得させるという意思ではない。
顕名がない場合	原則	代理人が本人のためにすることを示さないでした意思表示は，自己のためにしたものとみなされる(100本文)。
	例外	相手方が，代理人が本人のためにすることを知り又は知ることができたときは，本人に対して直接にその効力が生ずる(100但・99 I)。

2 無権代理

問題2

① Aの代理人であると称するBが，Cとの間で，Aが所有する甲建物の売買契約を締結したところ，Bが代理権を有していなかったという事例において，Cは，Aの追認がない間は，Bが代理権を有しないことについて**Cが悪意であっても**，本件売買契約を**取り消す**ことができる。 ⇒×

② Bは，代理権がないにもかかわらず，Aのためにすることを示して，Cとの間でA所有の甲土地を売却する旨の契約を締結した。Cは，Bに**代理権がないことを知らないことに過失**があった場合でも，Bが**自己に代理権がないことを知っていた**ときは，Bに対して**無権代理人の責任を追及**することができる。 ⇒○

2択の決め手！ 相手方が権利行使している法的手段と主観的要件をチェック

思考プロセスと解説

無権代理行為があった場合，相手方は法律行為の効果不帰属という不安定な状態に置かれるため，相手方には，催告権及び取消権が認められています（114条，115条）。また，相手方は，代理人に対して**無権代理人の責任の追及**をすることもできます（117条1項）。

そして

取消権については，**善意の場合のみ**行使することができます（115条但）。よって，設問①は，Cが悪意であるため売買契約を取り消すことができません。

一方

無権代理人の責任追及においては，原則として，相手方の主観的要件として，無権代理について**善意・無過失**であることが要求されますが（117条2項参照），**無権代理人が無権代理であることについて悪意の場合**は，相手方の主観的要件は**善意で足りる**とされています（117条2項2号但）。これは，無権代理人と取引の相手方の公平を図る趣旨です。

したがって

設問②の場合，Cは善意・有過失ですが，Bが自己に代理権がないことを知っているため（悪意），Cの主観的要件は善意で足り（117条2項2号），CはBに対して無権代理人の責任を追及することができることになります。なお，無権代理人の責任追及における損害賠償は，**履行があれば得たであろう利益（履行利益）の賠償**となります（最判昭32.12.5）。

● **相手方の主観的要件（原則）**

催 告 権	取 消 権	無権代理人の責任追及
不 問	善 意	善意・無過失 ※無権代理人が悪意の場合は善意で足りる

弱　　　　効 果　　　　強

よくある 質問

Q 信頼利益と履行利益は何が違うのでしょうか？

信頼利益とは，契約が有効であると信じたことにより被った損害をいいます(e.g.自動車の売買で履行日に自動車を引き渡してもらえると信じた買主が借りた駐車場代)。
これに対し，履行利益とは，契約が有効であったならば得られた利益をいいます(e.g.土地の売買でその土地を転売することによって得られるはずだった利益)。
この点，無権代理人の責任を定めた117条1項は，「履行又は損害賠償」と規定し，履行と損害賠償が等価であることを示しているため，損害賠償の範囲は，履行に代わるものとして，履行があれば得られたであろう利益(履行利益)となります。

3 無権代理と相続

問題3

① Aが，実父Bを代理する権限がないのに，Bの代理人と称して，Cとの間でBの土地を売買する契約を締結した場合において，**Bが死亡し，AがBを単独で相続**したときは，Aは，Cからの，土地明渡請求を拒むことができない。 ⇒○

② Aが，実父Bを代理する権限がないのに，Bの代理人と称して，Cとの間でBの土地を売買する契約を締結した場合において，**Aが死亡し，BがAを単独で相続**したときは，Bは，Cからの，土地明渡請求を拒むことができない。 ⇒×

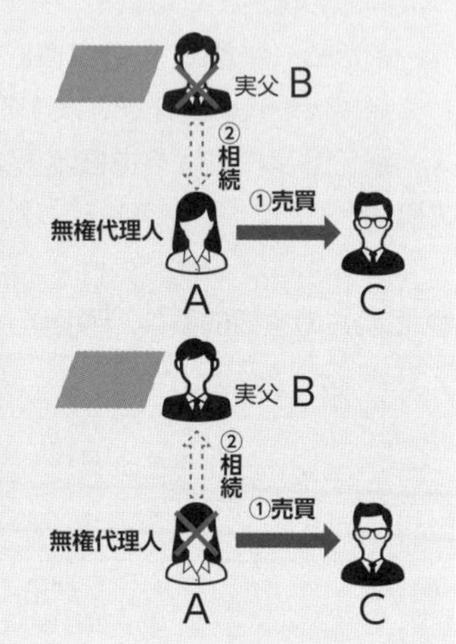

本人と無権代理人のどちらに相続が生じているかチェック

思考プロセスと解説

設問①では，無権代理人Aが本人Bを単独相続しています。この場合，AC間の無権代理行為は，当然に有効となります（最判昭40.6.18）。したがって，Aは，Cからの土地明渡請求を拒むことができません。

なぜなら

法律行為をした無権代理人が本人を相続することで，**本人が自ら法律行為をしたのと同様の状況となる**からです。

一方

本人が無権代理人を相続した場合，**本人が無権代理人の無権代理行為の追認拒絶をしても信義則に反しない**ため，無権代理人Aを相続した本人Bは，追認拒絶をすることができます（最判昭37.4.20）。よって，設問②では，Bは，Cからの土地明渡請求を拒むことができます。

● 無権代理と相続まとめ

相続の態様		無権代理行為の効果	
無権代理人が本人を相続した場合	本人が追認も追認拒絶もしていなかった場合	単独相続の場合	単独相続により無権代理行為が当然に有効となる(最判昭40.6.18)。
		共同相続の場合	無権代理人は，追認拒絶をすることができない。他方，他の相続人は，追認権と追認拒絶権のいずれも行使することができる＊1。
	本人が無権代理行為の追認拒絶をした後に，無権代理人が本人を相続した場合	本人が追認を拒絶すれば，無権代理行為の効力が本人に及ばないことが確定する。したがって，無権代理人が本人の追認拒絶の効果を主張することは，それ自体信義則に反しないとともに，単独相続か共同相続かを問わず，無権代理人は，本人のもとで確定した追認拒絶の効果を承継する(最判平10.7.17)。	
本人が無権代理人を相続した場合		本人は，追認を拒絶することができる(最判昭37.4.20)＊2。	
相続人が無権代理人と本人の両方を相続した場合		相続人が無権代理人を相続した後に本人を相続した場合，相続人は本人の資格で無権代理行為の追認を拒絶する余地はない(最判昭63.3.1)。	

＊1　追認権は，その性質上相続人全員に不可分的に帰属するので，共同相続人全員が共同して追認権を行使しない限り，無権代理行為は，無権代理人の相続分に相当する部分についても有効とならない(最判平5.1.21)。

＊2　ただし，本人が追認を拒絶しても，相続放棄をしていないときは，相手方は，無権代理人を相続した本人に対し，無権代理人の責任(117条1項)の承継(896条本文)を主張して，その責任を追及することができる(最判昭48.7.3)。

チェックポイント

1 顕　名

・相手方が効果の帰属先を了知しているかチェック

了知していれば本人に効果帰属する

2 無権代理

・相手方が権利行使している法的手段と主観的要件をチェック

催告権 ⇒ 善意・悪意問わない　取消権 ⇒ 善意

責任追及 ⇒ (原則)善意・無過失

3 無権代理と相続

・本人と無権代理人のどちらに相続が生じているかチェック

本人死亡 ⇒ 追認拒絶×　無権代理人死亡 ⇒ 追認拒絶○

4 時効

イントロダクション

時効は，他のテーマと関連する内容が多く，攻略が難しい分野です。民法全体を学習する中で，徐々に理解していけばよいので，焦らず根気よく学習しましょう。また，取得時効，消滅時効，時効の援用権者，時効の完成猶予等と論点が多岐にわたるので，場面に応じてキーワードから判断していきましょう。

1 取得時効

問題 1

① Aが，B所有の甲土地について，Bとの間で**使用貸借契約を締結**し，その引渡しを受けたが，内心においては，当初から甲建物を時効により取得する意思を有していた場合，Aは，甲土地の占有を20年間継続したとしても，甲土地の所有権を時効により取得することはできない。 ⇒**O**

② Aが，甲土地を，自己の所有となったものと**誤信し，かつ，そう信じたことに過失なく**８年間占有した後，甲土地を**Bに賃貸**し，Bが甲建物に引き続き居住して更に２年間が経過した場合には，Aは，甲土地について取得時効を主張することができる。 ⇒**O**

自主占有か他主占有かをチェック

思考プロセスと解説

取得時効において必要となる占有は，所有の意思をもってする“**自主占有**”であることを要します（162条）。そのため，他人から物を借りた場合のように，**所有の意思のない“他主占有”によって占有**がされている場合には，仮に，

100年経っても**取得時効は成立しません**。

そして

所有の意思をもってする占有（自主占有）の有無は，**占有取得の原因たる事実によって外形的・客観的に判断される**ところ（最判昭45.6.18），設問①では，Aは，Bとの間で**使用貸借契約を締結**し，その引渡しを受けているので，自主占有が認められません。よって，Aは，甲土地の所有権を時効により取得することができません。

一方

設問②の事例のように，本人が直接占有していなくとも，他人に目的物を貸している場合に，他人を介して間接的に占有していることを，**間接占有**といいます。この間接占有の場合でも，**自主占有として時効は完成します**。設問②ではAは，10年間（8年間＋2年間）善意・無過失で甲建物を占有したことになり，甲土地の所有権を取得することになります。

2 消滅時効

問題 2

① **解除による原状回復義務**の消滅時効は，解除の時から進行する。 ⇒○

② **債務不履行によって生ずる損害賠償請求権**の消滅時効は，債務不履行があった時から進行する。 ⇒×

2択の決め手！ 債務不履行に基づく権利の性質をチェック

思考プロセスと解説

債権は，権利行使できることを知った時から5年間を経過（主観的起算点），又は権利行使できる時から10年間を経過（客観的起算点）することで，消滅時効にかかります（166条1項）。そして，客観的起算点である**権利を行使できる時**

とは，**権利行使についての法律上の障害がなくなった時**を意味します。

そして

期限の定めのない債権（e.g. 当事者が弁済期を定めることなく設定した債権，法律の規定によって生じる債権［法定債権］）の消滅時効の起算点は**債権が成立した時**です。なぜなら，期限の定めのない債権はいつでも請求をすることができ，その成立時から権利行使することができるからです。

判例は

債務不履行に基づく損害賠償請求権の消滅時効の起算点は，**本来の債務の履行を請求できる時**としています（最判平10.4.24）。債務不履行に基づく損害賠償請求権は，本来の債権の内容が変更したにすぎず，債権の同一性が認められるからです。

一方

契約解除による原状回復請求権（545条1項）の消滅時効の起算点は，**解除がされた時**となります（最判35.11.1）。原状回復請求権は，解除によって初めて生じるものであるからです。

● **期限の定めのない債権で注意が必要なもの**

債務不履行に基づく損害賠償請求権	本来の債務の履行を請求できる時（最判昭35.11.1，最判平10.4.24）
返還時期の定めがない消費貸借に基づく返還請求権	消費貸借成立後，相当期間が経過した時

債権者不確知を原因とする弁済供託に関する取戻請求権	供託者が免責の効果を受ける必要が消滅した時 ∵ 消滅前は，供託者の取戻請求権の行使を期待できない

3 時効の完成猶予の期間の延長

問題 3

① **協議を行う旨の合意**によって時効の完成が猶予されている間に，**再度協議を行う旨の合意**をしても，時効の完成猶予の期間は延長されない。 ⇒✕

② **催告**によって時効の完成が猶予されている間に**催告**をしても，時効の完成猶予の期間は延長されない。 ⇒○

2択の決め手！ 協議を行う旨の合意か催告かをチェック

思考プロセスと解説

協議を行う旨の合意によって時効の完成が猶予されている間に，再度協議を行う旨の合意をすると，時効の完成猶予の期間は延長されます（151条2項）。

なぜなら

債権者の一方的な行為である催告と異なり，協議の合意は債権者と債務者の双方が合意しているため，時効の完成猶予の期間の延長が認められるのです。なお，長期間の権利関係の不確定を防止する観点から，その効力は通算5年を超えることができません（151条2項但）。

一方

催告によって時効の完成が猶予されている間に再度催告をしても，時効の完成猶予の期間は延長されません（150条2項）。これは，催告の繰り返しによる一方的な時効の完成の引き伸ばしを防止する趣旨です。

● 時効の完成猶予の期間の延長の可否

初　度	再　度	完成猶予期間の延長の可否
催　告	催　告	×(初度の催告のみ)
協議の合意	協議の合意	○(通算5年以内)
催　告	協議の合意	×(催告のみ)
協議の合意	催　告	×(協議の合意のみ)

チェックポイント

1 取得時効

・自主占有か他主占有かをチェック

他主占有では取得時効は成立しない　cf.自主占有

2 消滅時効

・債務不履行に基づく権利の性質をチェック

債務不履行に基づく損害賠償請求権の消滅時効の起算点は，本来の債務の履行を請求できる時となる　cf.解除による現状回復請求権

3 時効の完成猶予の期間の延長

・協議を行う旨の合意か催告かをチェック

協議を行う旨の合意によって時効の完成が猶予されている間に，再度協議を行う旨の合意をすると，時効の完成猶予の期間は延長される　cf.催告

民　法　第２編

物　権

5 物権総論

イントロダクション

物権総論の中でも，物権的請求権は出題頻度が高いです。物権的請求権は，物権を有してることから認められるものなので，根拠となる物権を有しているのか，及び行使する相手方が適切か（処分権限があるのか）を検討する必要があります。“自らの意思で建物について所有権取得登記をし，登記名義を保有している者”が問題を解く上でのポイントになります。

1 物権的請求権

問題1

① Aの所有する甲土地の上にBが無権原で自己所有の乙建物を建てた後，その所有権の保存の登記をしないまま，Cに乙建物を譲渡した場合において，乙建物につき，Aの申立てにより処分禁止の仮処分命令がされ，**裁判所書記官の嘱託によるB名義の所有権の保存の登記**がされたときは，Aは，Bに対し，甲土地の所有権に基づき，建物収去土地明渡しを請求することができる。 ⇒×

② A所有の甲土地上にある乙建物について，**Bが所有権を取得して自らの意思に基づいて所有権の移転の登記をした後**，乙建物をCに譲渡したものの，引き続き登記名義を保有しているときは，AはBに対し，甲土地の所有権に基づき，乙建物の収去及び土地明渡しを請求することができる。 ⇒○

2択の決め手！ 自らの意思で登記をしているかチェック

思考プロセスと解説

他人の土地を不法に占拠している建物にかかる建物収去請求においては，**現に物権を侵害している建物の現所有者**に加え，**(所有権を取得したことがあり）自**

らの意思で建物について所有権取得登記をし，登記名義を保有している者も相手方になります（最判平6.2.8）。請求された相手方がこれに該当するか判断していきます。

よって

設問①の場合，請求された相手方であるBは，**自らの意思で建物について所有権取得登記をし，登記名義を保有している者**に当たらないため，物権的請求権の相手方とすることができません。

一方

設問②の場合，Bは，所有権を取得して，**自らの意思に基づいてした所有権の登記を保有しており**，Aに対し，乙建物の所有権の喪失を主張して，乙建物の収去及び甲土地の明渡しの義務を免れることはできません。

なぜなら

Bは登記を自らの意思で自己名義にしておきながら，建物収去義務を免れるために，自己に所有権がないことを主張するのは**信義則に反する**からです。

2 混　同

問題 2

① AがBに対する債権を担保するためにB所有の土地に1番抵当権の設定を受け，Cがその土地の上に2番抵当権の設定を受けた場合において，**AがBを単独で相続**したときは，Aの抵当権は消滅しない。

⇒×

② Bが，その所有する土地に，抵当権者をA，債務者をCとする1番抵当権及び抵当権者をD，債務者をCとする2番抵当権をそれぞれ設定した場合において，**AがBを単独で相続**したときは，Aの抵当権は消滅しない。

⇒○

2択の決め手！ 債権混同か物権混同かをチェック

思考プロセスと解説

混同とは，相対立する権利が同一人に帰属することによって，存続させる実益がなくなったことから，対立する一方の権利を消滅させる制度をいいます（520条本文）。

そして，混同には，物権の混同と，債権レベルで混同が生じる債権混同があります。

そして

設問①では債権混同が生じ，設問②では債権混同は生じていないことから結論が異なっています。**設問①のケースでは，抵当権者が債務者を相続している**ため，被担保債権が消滅した以上，**後順位抵当権者が存在しても**，抵当権は，付従性により消滅することになります（520条本文）。

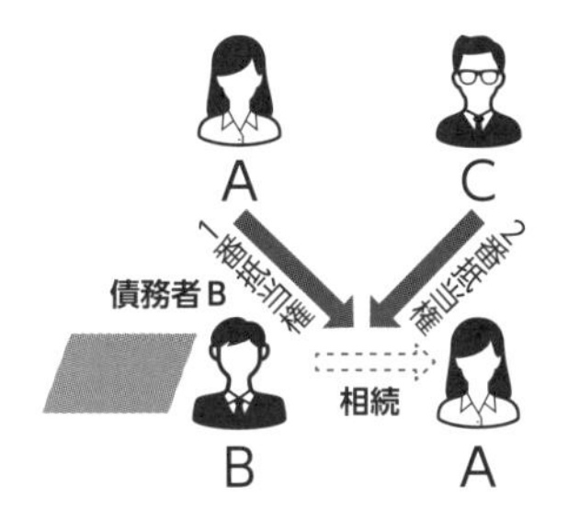

一方

設問②のケースでは，抵当権者が債務者を相続したわけではないため，債権混同は生じません。そこで，物権混同で消滅するかどうかを検討すると，後順位抵当権者Dが存在するため，混同の例外に当たり，抵当権は消滅しません（179条1項但）。

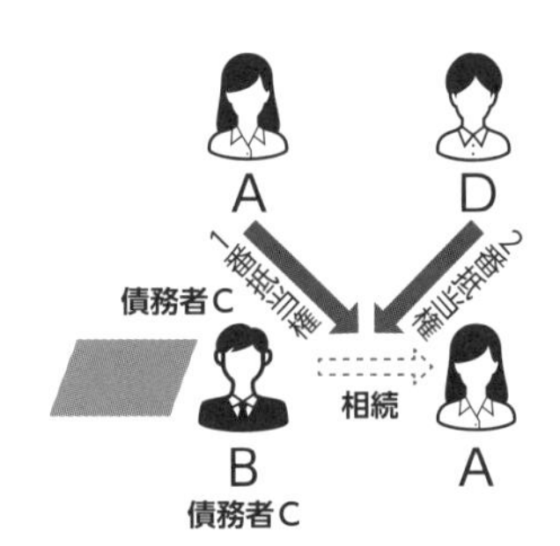

以上のように

まずは債権だけに着目をして，債権混同が生じているのかどうかを確認します。債権混同により債権が消滅していれば，抵当権は付従性により絶対的に消滅し，債権が消滅していなければ，次に物権混同を考えるという手順で考えていきます。

チェックポイント

1 物権的請求権

・自らの意思で登記をしているかチェック

“自らの意思で建物について所有権取得登記をし，登記名義を保有している者”は所有権の喪失を主張できない

2 混　同

・債権混同か物権混同かをチェック

債権混同であれば後順位抵当権者がいても抵当権は消滅する

6 不動産の物権変動

イントロダクション

不動産物権変動に関する問題では，物権を主張する相手方が，対抗要件を備えなければ物権を主張できない177条の「第三者」に当たるかを判断する必要があります。特に物権変動が起きた時期を意識して学習するようにしましょう。また，登記請求権の問題を解く際は解法パターンがあるので，次の設問を通じて当てはめができるようにしましょう。

1 177条の「第三者」

問題1

① A所有の甲土地についてBの取得時効が完成した後にCがAから甲土地を買い受け，その旨の所有権の移転の登記がされた場合においては，Bが長年にわたり甲土地を占有している事実を**Cが甲土地の買受け時に認識しており，Bの登記の欠缺を主張することが信義に反すると認められる事情があっても**，Bは，Cに対し，時効により甲土地の所有権を取得したことを主張することはできない。 ⇒✕

② Aは，B所有の甲不動産を買い受けたが，その所有権の移転の登記がされない間に，甲不動産がBからCに譲渡されて所有権の移転の登記がされ，更にCからDに譲渡され，Dが所有権の移転の登記を備えた。この場合において，**Cが背信的悪意者**に当たるときには，**Dは，Aとの関係でD自身が背信的悪意者と評価されなくても**，Aに対し，甲不動産の所有権を取得したことを主張することはできない。 ⇒✕

最終の譲受人が背信的悪意者かをチェック

思考プロセスと解説

177条の趣旨は不動産取引の安全を図ることにあることから，177条の「第三者」は当事者（とその相続人）以外の者で，**登記の欠缺を主張する正当な利益を有する者**と定義されています（大連判明41.12.15）。

そして

背信的悪意者は登記の欠缺を主張することが信義に反すると認められる事情があるので，177条の「第三者」に当たりません（最判昭31.4.24）。設問①では，Cは背信的悪意者に当たるため，BはCに対して，登記なくして甲土地の所有権の取得を主張することができます。

また

背信的悪意者については，転得者の議論があります。背信的悪意者から不動産を譲り受けた転得者は，転得者自身が背信的悪意者でない限り，177条の「第三者」に当たるとされています（最判平8.10.29）。

なぜなら

Cが，背信的悪意者であるとしても，CD間の売買契約が無効となるわけではないからです。したがって，設問②では，D自身が背信的悪意者に当たらないため，Dは甲不動産の所有権の取得をAに主張することができます。

● 177条の第三者のまとめ

177条の第三者に当たる者	177条の第三者に当たらない者
① 共有者 ② 譲受人* ③ 賃借人 ④ 制限物権取得者 ⑤ 差押債権者 ⑥ 背信的悪意者からの転得者	❶ 詐欺や強迫によって登記の申請を妨げた者 ❷ 他人のために登記の申請をする義務のある者 ❸ 不実の登記名義人（無権利者）及びその者からの譲受人・転得者 ❹ 不法行為者，不法占拠者 ❺ 所有権が移転した場合の，前主・後主の関係にある者 ❻ 背信的悪意者 ❼ 一般債権者

＊ 通行地役権の承役地が譲渡された場合，譲渡時に，承役地が要役地の所有者により継続的に通路として使用されていることがその位置，形状，構造等の物理的現況から客観的に明らかであり，かつ譲受人がそのことを認識し又は認識可能であったときは，譲受人は，通行地役権が設定されていることを知らなくても，特段の事情がない限り，177条の第三者に当たらない（最判平10.2.13）。

2 時効取得と登記

問題 2

① Aが所有する土地を，Bに過失はあったが，Bが所有の意思をもって，平穏かつ公然に占有しつつ20年が経過した場合において，**20年が経過する前**にAがその土地をCに売却していたときは，Cへの所有権の移転の**登記**がされたのが，**20年を経過した後**であっても，Bは土地の所有権をCに主張できる。 ⇒○

② A所有の甲土地の所有権についてBの取得時効が完成し，Bが当該時効を援用した場合において，当該**時効完成後**にCがAから土地を買い受け，その旨の所有権の移転の登記がされたときは，Bは，当該登記後に**引き続き**甲土地について取得時効の完成に**必要な期間の占有**を続けても，Cに対し，時効により甲土地の所有権を取得したことを主張することはできない。 ⇒×

2択の決め手！ 時効完成前の第三者か時効完成後の第三者かをチェック

思考プロセスと解説

設問①では，時効完成後に登記がされた場合でも時効完成“前”の第三者に対抗できるかが問題となります。時効完成時の所有者である第三者と時効取得者は当事者類似の関係に立つため，**時効完成“前”の第三者に対しては，登記なくして所有権を対抗することができます**。

そして

時効完成前の第三者が時効完成後に登記を備えた場合であっても，**登記なくして所有権を対抗できる**ので，結論は変わりません。よって，BはCに対抗することができます。

また

設問②でも，Bは，Cに対し，登記なくして甲土地の所有権を対抗することができるかが問題となります。時効取得者は，**時効完成“後”の第三者とは対抗関**

係に立ちます（最判昭33.8.28）。

ただし

Bが，Cの登記後から，再び時効完成に必要な期間の占有を継続した場合には，Bからみて**Cは時効完成“前”の第三者と同視できる関係**となります。したがって，Bは，Cに対し，登記なくして甲土地の所有権を対抗することができます。

3 相続放棄と遺産分割協議

問題3

① 甲土地の所有者Aが死亡し，その共同相続人であるB及びCのうちCが**相続を放棄**した。この事実を知らないCの債権者Dは，Cに代位して甲土地について相続を原因とする所有権の移転の登記をした上で，Cの持分(法定相続分)について差押えの登記をした。この場合において，Bは，Dに対し，Cの法定相続分に相当する甲土地の持分の取得を対抗することができる。 ⇒○

② Bが甲土地につきAB各持分2分の1の共同相続の登記をし，自己の持分をDに売却して持分の全部移転の登記をした**後**，AとBが甲土地をAの単独所有とする**遺産分割協議**をした場合，Aは，Dに対し，その持分の全部移転の登記の抹消を請求することができる。 ⇒×

相続放棄か遺産分割協議かをチェック

思考プロセスと解説

設問①では相続放棄が，設問②では遺産分割協議が問題となっており，この2つがキーワードとなります。**相続放棄は遡及効を貫徹しますが，遺産分割は遡及効に制限があります**。

よって

設問①で問題となる相続放棄の効果は絶対的であり，Cは初めから相続人とならなかったものとみなされます（939条）。よって，甲土地は当初からBが単独で相続したことになり，Bは，Cが相続放棄をした持分についても，登記なくして自己が取得したことを第三者のDに対抗することができることになります（最判昭42.1.20）。

なぜなら

相続放棄は，相続が開始した後の短期間だけしかできず（915条1項），**第三者の出現を考える余地が少ない**からです。

一方

遺産分割協議の遡及効は制限されており（909条但），遺産分割“前”の第三者は保護されることになります。遺産分割協議の場合は，第三者が遺産分割協議の存在を知らないことが多く，相続放棄と同じように遡及効を貫徹させると，第三者に不測の損害を与えかねないからです。

したがって

設問②では，Aは，Dに対し，B持分の全部移転の登記の抹消を請求することはできないのです（最判昭46.1.26）。

● **不動産物権変動と登記**

取得時効	**時効完成前**	**時効完成後**
	時効取得者は，登記なくして目的物の譲受人に対抗可（最判昭41.11.22，最判昭42.7.21）	時効取得者と第三者との関係は，177条の対抗問題として処理（最判昭33.8.28）
相続放棄	相続人は，登記なくして第三者に対抗可（最判昭42.1.20）	
遺産分割	**遺産分割前**	**遺産分割後**
	共同相続人である譲渡人の持分について，遺産分割により当該持分を取得した他の相続人は，登記を有する譲受人に対抗不可（909但）	共同相続人である譲渡人の持分について，遺産分割により当該持分を取得した他の相続人と譲受人との関係は，899条の2第1項の対抗問題として処理

チェックポイント

1 177条の「第三者」

・**最終の譲受人が背信的悪意者かをチェック**

背信的悪意者から不動産を譲り受けた転得者は，自身が背信的悪意者でない限り，177条の「第三者」に該当する

2 時効取得と登記

・**時効完成前の第三者か時効完成後の第三者かをチェック**

時効完成“前”の第三者には登記なくして対抗可
cf. 時効完成“後”の第三者

3 相続放棄と遺産分割協議

・**相続放棄か遺産分割協議かをチェック**

相続放棄は遡及効を貫徹させるため第三者は保護されない

7 動産の物権変動

イントロダクション

動産の物権変動では，即時取得が特に試験対策上重要です。即時取得は，動産の占有に公信力を認め，処分権限を持たない動産の占有者を正当な権利者と誤信して取引した者が，その動産について完全な権利を取得できる制度です。設問を通じて即時取得の制度趣旨について理解を深めていきましょう。

1 動産の物権変動

問題 1

① Aは，Bに対し，その所有する動産甲を**保管のため預けていた**ところ，これをCに売却したが，占有移転については何の指示もしなかった。この場合，Cは，Bに対し，動産甲の引渡しを請求することができない。 ⇒✕

② Aは，Bに対し，その所有する動産甲を**賃貸し，引き渡していた**ところ，これをCに売却したが，占有移転については何の指示もしなかった。この場合，Cは，Bに対し，動産甲の引渡しを請求することができない。 ⇒○

2択の決め手！ 受寄者か賃借人かをチェック

思考プロセスと解説

動産に関する物権の譲渡は，その動産の引渡しがなければ，第三者に対抗することができないところ（178条），受寄者と賃借人が178条の「第三者」に該当するかどうかが問題となります。

判例は

受寄者は，178条の「第三者」に当たらないとしています（最判昭29.8.31）。よって，新寄託者Cは，対抗要件を備えていなくても，受寄者Bに対し，動産甲の所有権の取得を主張できるので，その引渡しを請求することができます。受寄者は動産を保管のために預かっているだけであり，独立の利害関係を有しているとはいえないからです。

一方

判例は，賃借人は，**178条の「第三者」に当たる**としています（大判大8.10.16）。よって，Cは，対抗要件を備えていなければ，賃借人Bに対し，動産甲の所有権の取得を主張できないから，その引渡しを請求することができません。**受寄者と異なり，賃借人は独立の利害関係を有している**といえるからです。

2 即時取得

問題 2

① Aが甲動産をBに寄託している場合において，Aが甲動産をCに譲渡し，指図による占有移転をした後，Aは，Dに対しても甲動産を譲渡し，Dは，Aが無権利者であることについて善意無過失で甲動産を譲り受け，**指図による占有移転**によって甲動産の引渡しを受けたときは，Dが甲動産の所有権を取得する。 ⇒○

② Aが甲動産をBに譲渡し，占有改定による引渡しをした後，Aは，Cに対しても甲動産を譲渡し，Cは，Aが無権利者であることについて善意無過失で甲動産を譲り受け，**占有改定**によって甲動産の引渡しを受けたときは，Cが甲動産の所有権を取得する。 ⇒×

2択の決め手！ 指図による占有移転か占有改定かをチェック

思考プロセスと解説

即時取得とは，動産取引は頻繁に行われ，対抗要件である**引渡し**も公示方法として十分ではないことから，取引の安全を確保するために，**“占有”に公信力を認める制度**です（192条）。本問では，指図による占有移転と占有改定を着目すべきキーワードとして，即時取得が成立するかが問題となります。

まず

指図による占有移転でも即時取得は成立します。指図による占有移転は，占有代理人に対する命令が必要であることから，占有の移転を外部から認識することができ，公示方法として機能するため，即時取得が認められるのです。

よって

設問①においては，無権利者Ａからの譲受人Ｄは，占有取得時に善意無過失であるため，甲動産を即時取得することになります。

一方

占有改定は，占有の移転を外部から認識することができないため，即時取得の成立を認めると，真の権利者を害することになります。したがって，**占有改定で占有を取得した場合**には，**即時取得は成立せず**，Ｃは甲動産の所有権を取得することはできません。

● **占有の取得態様と即時取得成立**　　○：成立する　×：成立しない

現実の引渡し	簡易の引渡し	占有改定	指図による占有移転
○	○	× （最判昭35.2.11）	○ （最判昭57.9.7）

チェックポイント

1 動産の物権変動

・受寄者か賃借人かをチェック

受寄者は独立の利害関係を有しているとはいえない　cf.賃借人

2 即時取得

・指図による占有移転か占有改定かをチェック

占有改定で占有を取得した場合には，即時取得は成立しない
cf.指図による占有移転

8 占有権

イントロダクション

占有については，①自主占有と他主占有，②悪意占有と善意占有といった言葉の意味や違いを把握することが重要となってきます。また，相続と占有の問題は，混乱が生じやすい箇所なので知識の整理が必要です。特に相続が新権原に当たるかどうかを設問を通じてしっかり判断できるようにしていきましょう。

1 損害賠償の範囲

問題1

① **自分に所有権があると信じて他人の物を占有していた者**は，自らの責めに帰すべき事由によってその物を毀損した場合，**現に利益を受ける限度**で，回復者に損害を賠償すれば足りる。 ⇒○

② **自分に賃借権があると信じて他人の物を占有していた者**は，自らの責めに帰すべき事由によってその物を毀損した場合，回復者に**損害の全部**を賠償する義務を負う。 ⇒○

2択の決め手！ 自主占有か他主占有かをチェック

思考プロセスと解説

善意の自主占有者は，責任が限定され，現存利益において賠償責任を負いますが，他主占有者は，他人の物だとわかっていた上で滅失，損傷させたのだから，損害の全部を賠償する義務を負うことになります（191条）。

そして

設問①は**善意の自主占有者**ですから，自らの責めに帰すべき事由によってその物を毀損した場合であっても，**現に利益を受ける限度**で，回復者に損害を賠償すれば足ります。

一方

設問②の**他主占有者は**，善意で自己に本権があると信じていても，そもそも他人の物を占有しているわけですから，**損害の全部**を賠償する責任を負います。

● **占有の種類まとめ**

種　類	意　義
自主占有	所有の意思をもってする占有
他主占有	所有の意思のない占有
善意占有	本権がないにもかかわらず本権があると信じてする占有
悪意占有	本権のない占有者が自己に本権のないことを知り又はその存在に疑いを有している占有

● **占有の態様と損害賠償の範囲**

善意の自主占有	悪意の自主占有	他主占有
現存利益	全　部	

2 相続と占有

問題 2

① Aが B所有の甲土地に無権原で自宅として乙建物を建て，所有の意思をもって甲土地を**15年間占有**した後，**Aが死亡**し，その直後から Aの単独相続人であるCが**5年間**所有の意思をもって甲土地を占有した場合，Cは甲土地の所有権を取得する。 ⇒○

② Aが B所有の甲土地を**借りて**乙建物を建て，甲土地を５年間占有していたところ，**Aが死亡**し，Aの単独相続人であるCが甲土地及び乙建物が**Aの遺産であり自己がこれらを取得したと過失なく信じて**５年間甲土地を占有した場合，Cは甲土地の所有権を取得できない。 ⇒○

2択の決め手！ 相続による承継が新権原になるかをチェック

思考プロセスと解説

占有者の承継人は，**自己の占有に前の占有者の占有を併せて主張**することができるところ（187条1項），これには特定承継のみならず，**相続のような包括承継にも適用**されるため（最判昭37.5.18），設問①の相続人Cは，自己の占有に被相続人Aの占有を併せて主張することができます。

よって

設問①では，Cは，前の占有者Aの15年の占有とともに，自己の占有の5年を併せて主張することにより，甲土地を時効取得することができます（162条1項）。

設問②では

取得時効の要件としての占有は，所有の意思をもってする占有（自主占有）でなければならないところ，被相続人AはBから甲土地を借りている者であり，他主占有者です。そこで，**相続が**185条後段における**「新たな権原」に当たり**，相続人Cの占有が自主占有とならないかが問題となります。

判例は

自主占有への転換が一切否定されると，相続人はいつまで経っても時効取得することができず，永続した事実状態の尊重という時効制度の趣旨に反してしまいます。そこで，**相続人が相続財産を事実上支配することによって，新たに占有を開始**し，**占有開始の時点で所有の意思を有していたことが客観的に明らかである場合には，「新たな権原」**（185条）によって占有を開始し，**他主占有が自主占有に転換する**としています（最判昭46.11.30）。

そして

仮に設問②の問題文が，「新たな権原」の要件を満たしていたとしても，Cは5年間しか甲土地を自主占有していないので，甲土地の所有権を取得することはできません。

第185条(占有の性質の変更)
権原の性質上占有者に所有の意思がないものとされる場合には，その占有者が，自己に占有をさせた者に対して所有の意思があることを表示し，又は新たな権原により更に所有の意思をもって占有を始めるのでなければ，占有の性質は，変わらない。

よくある質問

Q 相続と占有の問題をいつも間違えてしまいます。

①占有権が相続の対象となるか，②相続により他主占有から自主占有に転換し得るかの2点がポイントとなります。問題文の問いかけが，どの論点の話なのかを明確にして考えましょう。

チェックポイント

1 損害賠償の範囲

・自主占有か他主占有かをチェック

善意の自主占有者は現存利益の賠償で足りる　cf.他主占有者

2 相続と占有

・相続による承継が新権原になるかをチェック

相続人が相続財産を事実上支配することによって，新たに占有を開始し，占有開始の時点で所有の意思を有していたことが客観的に明らかである場合は，他主占有が自主占有に転換する

9 所有権

イントロダクション

　ここでは，付合と共有関係を取り扱っていきます。付合は，権原の有無と付合の強弱を問題文から判断していくことが重要です。共有関係については，保存行為・管理行為・変更行為の要件と具体例をしっかり覚えていきましょう。

1 付　合

問題 1

① Bが A所有の甲土地上に**無権原で立木を植栽**した場合，Aは，Bに対し，当該立木を収去して甲土地を明け渡すよう請求することができる。 ⇒✕

② 賃貸人Aの承諾を得て，賃借人Bが賃借建物の増改築を行った場合において，**増改築部分が建物の構成部分となっている**ときは，Bは，当該増改築部分について所有権を取得しない。 ⇒○

2択の決め手！　権原の有無と付合の強弱をチェック

思考プロセスと解説

　設問①の場合，立木の所有権は甲土地の所有者であるAに帰属するところ，自己の所有物の収去をBに対して請求することはできません。このように，不動産の所有者は，付合物の所有権を取得するのが原則です（242条本文）。ただし，**他人が権原により不動産に動産を附属させたとき**は，その物の**所有権はその付合物の所有者に留保**されることになります（242条但）。

しかし

設問②のように，増改築部分が建物の構成部分となっている場合（強い付合），別個独立の所有権を認めることが無意味となるため，一物一権主義により，当該増改築部分が独立して所有権の客体となることはできません。なお，**付合は社会経済上の観点による規定であるため，Aの承諾があっても結論は変わりません**。

よって

設問②の場合，増改築部分が建物の構成部分となっており，強い付合に当たります。Bは賃借権という権原を有しているものの強い付合に当たることから，242条ただし書の適用はないため，Bは，当該増改築部分について所有権を取得しません。

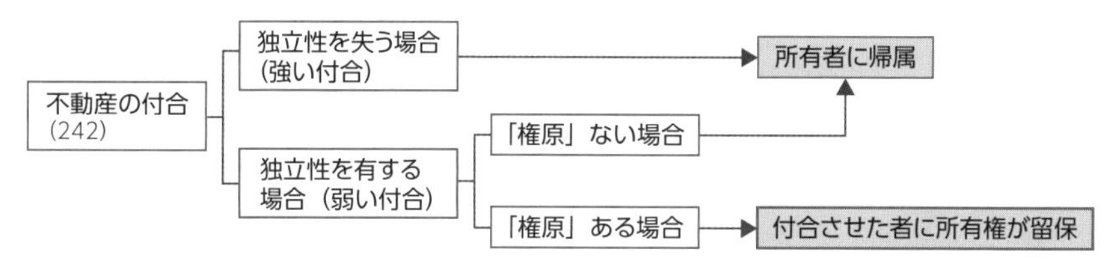

※　借家人が家主から承諾を得て増改築した場合，権原が認められるが，増改築部分だけでは当該建物からの独立性がないケース（=強い付合の場合：ベランダ等，建物の構成部分となっているような場合）では，242 条ただし書は適用されない。したがって，増改築部分の所有権は，建物所有者に帰属する（最判昭 38.10.29）。

2 共有物の保存行為・管理行為・変更行為

問題 2

① 甲土地がA，B，Cの共有である場合において，甲土地につき，**真実の所有者でないDが所有権の登記名義人となっている場合**，Aは，B及びCの同意を得なくても，Dに対し，その**抹消**登記手続を請求することができる。

⇒O

② 甲土地がA，Bの共有である場合において，甲土地のBの持分がDに売り渡され，**B持分の移転の登記がされたものの，当該持分の売買契約が虚偽表示により無効である場合**には，Aは，Dに対し，その持分に基づき，当該**登記の抹消**登記手続を請求することができる。

⇒O

2択の決め手！ 保存行為に該当するかチェック

思考プロセスと解説

共有者が保存行為をする場合には，単独ですることができます（252条但）。保存行為は，共有物の現状を維持する行為であり，共有者全員の利益になるため，各共有者が行うことができるのです。共有物の保存行為・管理行為・変更行為が出題された場合は，単独でなされている**行為が保存行為に該当するかの判断が重要**となります。

そして

設問①では，第三者が共有不動産について不法な登記をしている場合，各共有者は，その第三者に対して保存行為として，単独で登記の抹消を請求することができます（最判昭31.5.10）。**不法な登記を抹消することは，共有者全員の利益**となるからです。

同様に

不動産の共有者の一人は，共有不動産について実体上の権利を有しないのに持分移転登記を経由している者に対し，その持分移転登記の抹消登記手続を請求することができます（最判平15.7.11）。よって，設問②の場合にも，Aは，Dに対して，共有者全員の利益のために当該登記の抹消登記手続を請求することができます。

なぜなら

不動産の共有者の一人は，その持分権に基づき，共有不動産に対して加えられた妨害を排除することができるところ，不実の持分移転登記がされている場合には，その登記によって共有不動産全体に対する妨害状態が生じているからです。

● 共有物の保存行為・管理行為・変更行為

	要　件	具体例
保存行為 (252但)	各共有者が単独でできる	①　第三者に対する妨害排除請求(大判大7.4.19)，第三者に対する共有物全体の返還請求(大判大10.6.13) ②　無権原で登記簿上所有名義を有する者に対する抹消請求(最判昭31.5.10)＊1 ③　共有地が地役権の要役地である場合の地役権設定登記請求(最判平7.7.18)＊2
管理行為 (252本文)	持分価格の過半数で決する	賃貸借契約の解除(最判昭39.2.25)
変更行為 (251)	共有者全員の同意が必要	共有地である畑を宅地に造成する行為

＊1　他の共有者の持分について不実の持分移転登記を経由した者に対する抹消請求も，単独で請求することができる。不実の持分移転登記によって共有不動産全体に対する妨害状態が生じているからである(最判平15.7.11)。

＊2　要役地を共有する共有者全員のために，地役権設定登記手続を求めるものであるから。

チェックポイント

1 付　合

・権原の有無と付合の強弱をチェック

他人が権原により不動産に動産を附属させたときは，その物の所有権はその他人に留保される　cf.強い付合の場合

2 共有物の保存行為・管理行為・変更行為

・保存行為に該当するかチェック

保存行為ならば各共有者が単独でできる

民　法　第3編

担保物権

10 留置権・質権

イントロダクション

担保物権については，それぞれの異同を中心に各担保物権の性質をしっかりと把握することを心がけましょう。ここでは，留置権の牽連性，動産質と不動産質の対抗要件について取り扱っていきます。特に留置権の牽連性は一度解法パターンを覚えると間違えなくなります。頑張りましょう。

1 留置権

問題 1

① AB間の建物所有を目的とする甲土地の賃貸借契約が終了した場合において，賃貸人Aに対し，賃借人Bが甲土地上に建築した**乙建物の買取請求権**を行使したときは，Bは，乙建物の代金債権を被担保債権として乙建物につき留置権を行使することができる。 ⇒○

② AがB及びCに対して甲土地を二重に譲渡し，Bに甲土地を引き渡したが，Cに登記名義を移転した場合において，CがBに対して甲土地の引渡しを要求したときは，Bは，Aに対する**損害賠償請求権**に基づいて，甲土地について留置権を主張することができる。 ⇒×

相手方に履行を強制することができるかチェック

思考プロセスと解説

留置権は，他人の物の占有者が，その物に関して生じた債権を有している場合に，その債権の弁済を受けるまでその物を留置して**被担保債権の弁済を間接的に強制する制度**です（295条本文）。

よって

物の引渡請求権と同一の法律関係から生じた債権の履行を求める場合のように，当該物を留置することによって**相手方に履行を間接的に強制できる関係性（債権と物との牽連性）がなければ留置権は成立しません。**設問①ではその要件を満たしますが，設問②では要件を満たしません。

なぜなら

設問②における損害賠償請求権の債務者はAであり，不動産の明渡請求権者はCであるため，履行不能に基づく損害賠償請求権が発生した時点において，別人です。**不動産を留置することにより被担保債権の弁済をAに間接的に強制することはできない**ため，Bに留置権は認められないのです（最判昭43.11.21）。

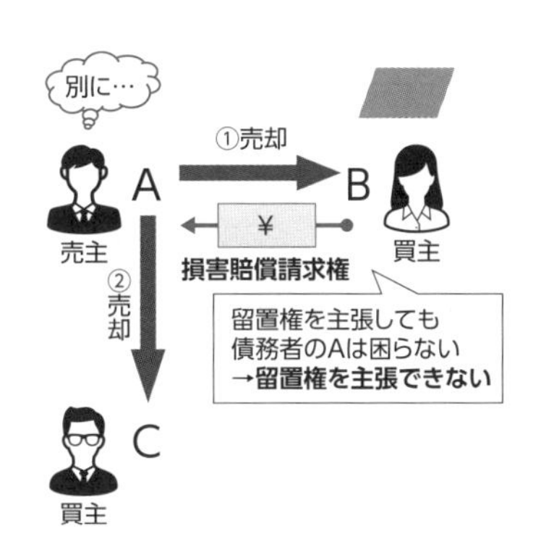

● 債権と物の牽連性

牽連性あり	牽連性なし
①　賃借家屋に賃借人が支出した必要費・有益費等の償還請求権（大判昭10.5.13） ②　建物買取請求権が行使された場合の建物代金債権（大判昭14.8.24） ③　不動産の買主が売買代金を支払わずにその不動産の所有権を第三者に譲渡した場合の代金請求権（最判昭47.11.16）	❶　建物賃貸借契約における賃借人の造作買取請求権 ❷　譲渡担保権者が目的物を第三者に売却した場合の設定者の有する債務不履行による損害賠償請求権

2 質　権

問題 2

①　**動産質権者**が目的物を他人に奪われた場合，動産質権者は，質権に基づいて当該他人にその返還を請求することはできない。　⇒○

②　**不動産質権者**が目的物を質権設定者に返還した場合，質権自体は消滅しないが，当該不動産質権を第三者に対抗することができない。　⇒×

動産質権か不動産質権かをチェック

思考プロセスと解説

動産質権の第三者対抗要件は，**占有の継続**であるのに対して，**不動産質権の第三者対抗要件**は，**登記**となります。

そして

設問①では動産目的物を他人に奪われて占有を失っているので，質権を第三者に対抗することはできません。なお，占有を失っても当事者である質権設定者に対しては質権を主張することができ，第三者に対しては，占有回収の訴えのみによって目的物の返還を請求することができます。

一方

設問②では，不動産質権者が目的物である不動産を設定者に返還していますが，**不動産質権登記がされている限り，対抗力を失いません**。よって，不動産質権を第三者に対抗することができます。

● **動産質権と不動産質権の比較**

	動産質権	不動産質権
成立要件	質権設定の合意＋目的物の引渡し	質権設定の合意＋目的物の引渡し
対抗要件	占有の継続	登　記

チェックポイント

1 留置権

・**相手方に履行を強制することができるかチェック**
債権と物との牽連性がなければ留置権は成立しない

2 質　権

・**動産質権か不動産質権かをチェック**
不動産質権は登記がされている限り，対抗力を失わない
cf. 動産質権

11 抵当権

イントロダクション

抵当権は毎年必ず出題される頻出分野であるため，確実に得点できるように対策をしていきましょう。ここでは，物上代位や法定地上権など多くの受験生が苦手とする項目を取り扱います。物上代位との対抗関係の問題が出題されたら，抵当権設定登記がされた時期に着目しましょう。法定地上権の問題が出題されたら，法定地上権は土地の抵当権者や買受人に不利益となり，建物の抵当権者と買受人に利益になるという視点を常にもって問題を解く癖をつけましょう。

1 抵当権の物上代位

問題 1

① Aが所有する建物について，Bが，Aに対して有する債権を被担保債権とする**抵当権の設定を受けてその登記をした後**，Cが当該建物を賃借した。AのCに対する賃料債権がDに譲渡され，当該**債権譲渡について確定日付のある証書によってCが承諾した**場合であっても，Bは，その賃料債権を差し押さえて物上代位権を行使することができる。 ⇒○

② Aが自己所有の不動産にBのために**抵当権を設定し，その旨の登記をした後**に，当該不動産をCに賃貸した場合に，Bが物上代位権を行使して賃料債権の差押えをしたときは，Cは，当該**抵当権設定登記後にAに対して取得した債権と賃料債権との相殺**をもって，Bに対抗することができる。 ⇒×

抵当権設定登記がされた時期をチェック

思考プロセスと解説

設問①で問題となっている，物上代位における抵当権者と債権の譲受人との優劣は，**抵当権設定登記と債権譲渡の対抗要件具備の先後**で決まります（最判平10.1.30）。

なぜなら

事前に抵当権の登記がされていれば，**物上代位により抵当権の効力が賃料債権に及ぶことは登記によって公示されている**ため，賃料債権に物上代位がされるリスクをわかった上で賃料債権を譲り受けたといえるからです。よって，設問①では，Bは，その賃料債権を差し押さえて物上代位権を行使することができます。

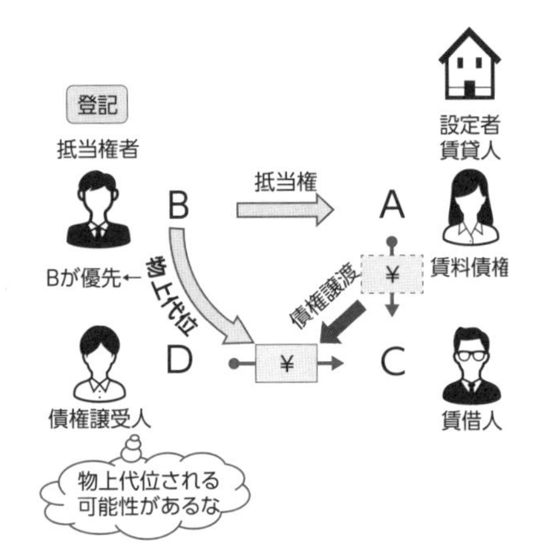

同様に

設問②で問題となっている物上代位における抵当権者と賃借人との優劣は，**抵当権設定登記と賃借人の抵当権設定者に対する自働債権の取得時期の先後**で決まります（最判平13.3.13）。

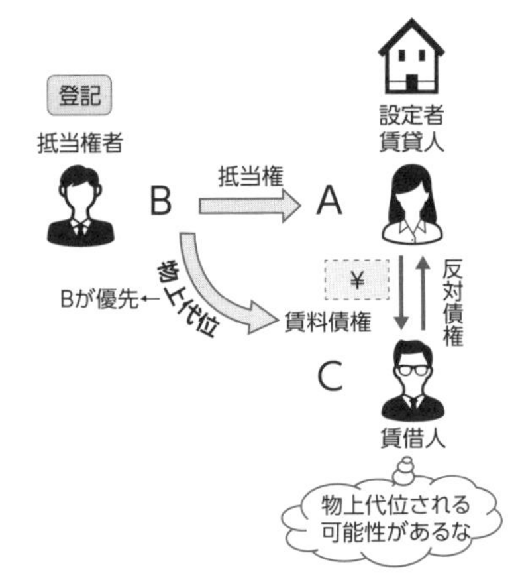

なぜなら

物上代位によって抵当権の効力が賃料債権に及ぶことは，抵当権設定登記により公示されているため，賃借人が抵当権設定登記後に取得した債権で相殺することに対する期待を保護する必要はないからです。よって，設問②では，Cは，当該抵当権設定登記後にAに対して取得した債権と賃料債権との相殺をもって，Bに対抗することができません。

2 法定地上権の成立の可否

問題 2

① A所有の甲土地上にB所有の乙建物がある場合において，AがCのために**甲土地**に第１順位の抵当権を設定した後，Aが死亡してBが単独で甲土地を相続し，更にBがDのために甲土地に第２順位の抵当権を設定し，その後，Cの抵当権が実行され，Eが競落したときは，乙建物について法定地上権が成立する。 ⇒×

② A所有の甲土地上にB所有の乙建物がある場合において，BがCのために**乙建物**に第１順位の抵当権を設定した後，BがAから甲土地の所有権を取得し，更にDのために乙建物に第２順位の抵当権を設定し，その後，Cの抵当権が実行され，Eが競落したときは，乙建物について法定地上権が成立する。 ⇒○

土地と建物のどちらに抵当権が設定されているかチェック

思考プロセスと解説

設問①，②はともに１番抵当権設定時には，土地と建物の所有者が異なり，法定地上権の成立要件を満たしていませんが，２番抵当権設定時には，土地と建物の所有者が同一となり，法定地上権の成立要件を満たしている点で共通しています。**相違点は，設問①の事例では，土地に対して抵当権が設定されており，設問②の事例では，建物に対して抵当権が設定されている点**です。

この点

法定地上権が成立すると土地の使用が制限されることから，**土地の抵当権者・買受人にとっては負担となるため不利益**となります。しかし，**建物の抵当権者・買受人にとっては法定地上権があることによって当該建物を使用・収益することができるので利益**となります。この視点が，法定地上権の成立の可否を判断する上でのメルクマールになります。

したがって

設問①については，土地の買受人，ひいては法定地上権は成立しないと認識していた抵当権者に不利益となるため，原則どおり法定地上権は成立しません（最判平2.1.22）。しかし，法定地上権は建物の抵当権者・買受人には利益になるので，設問②では法定地上権は成立します（大判昭14.7.26）。

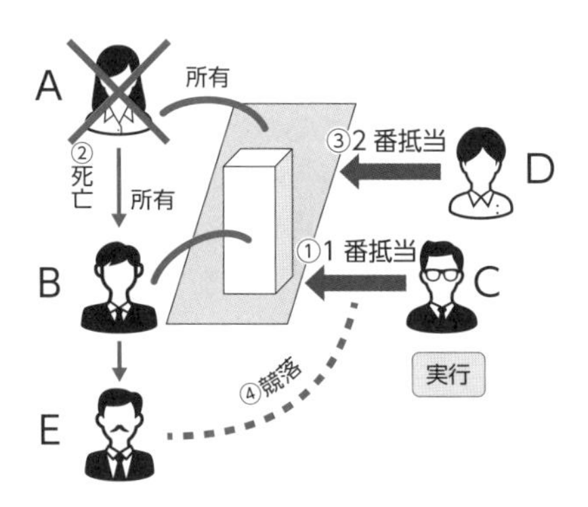

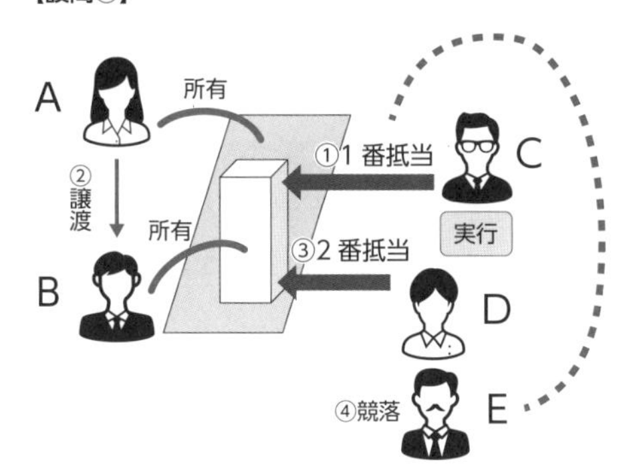

● 法定地上権のポイント

第388条　土地及びその上に存する建物が**同一の所有者に属する**場合において，その**土地又は建物**につき抵当権が設定され，その実行により**所有者を異にするに至った**ときは，その建物について，地上権が設定されたものとみなす。……。

- 競売により常に建物の取り壊しを余議なくされることは社会経済上の著しい損失である
  ⇒　公益を背景にした強行規定なので，特約による排除はできない
- 法定地上権は，土地所有者・土地抵当権者にとっては負担となり，建物所有者・建物抵当権者にとっては利益となる

3 抵当権の侵害

問題3

① 第三者が抵当権の目的物を損傷させても，**残存価格が被担保債権の担保として十分**であれば，抵当権者は，不法行為に基づく**損害賠償**を請求することができない。 ⇒○

② 第三者による，抵当権の侵害があった場合でも，**抵当権の目的物の交換価値が被担保債権額を弁済するのに十分**であれば，抵当権者は，その**妨害排除**を請求することができない。 ⇒×

損害賠償請求か妨害排除請求かをチェック

思考プロセスと解説

抵当権も物権である以上，第三者が抵当目的物を不法に損傷し，又は損傷するおそれがあるため，抵当権が侵害され，又は侵害されるおそれがあるときは，抵当権者は，当該第三者に対し，**抵当権に基づく物権的請求権**を行使することができます。また，抵当権の実行により本来受けられたはずの配当が受けられなくなったときには（大判昭3.8.1）抵当権者は**不法行為に基づく損害賠償請求**をすることができます。

そして

抵当権者が不法行為に基づく損害賠償請求をするためには，①抵当権の侵害により目的物の価値が減少し，**かつ，②被担保債権が十分に満足されなくなったことが必要**であるとされています。

一方

抵当権の物権的請求権の場合，不法行為に基づく損害賠償請求権と異なり，抵当目的物の価値により被担保債権の完済を受けられなくなることまでは要件とされていないので注意しましょう。

● 不法行為に基づく損害賠償請求権と抵当権者の物権的請求権の比較

	要　件	備　考
不法行為に基づく損害賠償請求権	抵当権の実行により本来受けられたはずの配当が受けられなくなったとき （大判昭3.8.1）	抵当権実行前においても，弁済期後であれば，損害賠償を請求することができる （大判昭11.4.13）
不法占有による物権的請求権	不法占有により抵当不動産の交換価値が妨げられて抵当権者の優先弁済権の行使が困難となるとき （最大判平11.11.24）	占有者に対して，直接自己に引き渡すように請求することができるが，賃料相当額を請求することはできない （最判平17.3.10）

チェックポイント

1 抵当権の物上代位

・**抵当権設定登記がされた時期をチェック**

抵当権者と債権譲受人の優劣は“抵当権の登記 vs 債権譲渡の対抗要件”の先後で決着をつける

2 法定地上権の成立の可否

・**土地と建物のどちらに抵当権が設定されているかチェック**

土地は1番抵当権基準・建物は2番抵当権を基準に法定地上権の成立要件を満たしているか判断する

3 抵当権の侵害

・**損害賠償請求か妨害排除請求かをチェック**

損害賠償請求をするためには損害が発生していることが必要である

12 譲渡担保権

イントロダクション

譲渡担保権は近年出題が増えてきており注意が必要です。ここでは，設問を通じて，清算金・受戻権の性質を捉えていきましょう。問題2では，受戻権の消滅が問題となります。目的物の第三者への処分によって受戻権は確定的に消滅し，第三者が背信的悪意者であっても結論は異なりません。第三者が背信的悪意者か否かを知ることが困難な債権者に不測の損害を被らせるべきではないからです。

1 譲渡担保権①

問題 1

① 譲渡担保権者が被担保債権の弁済期後に目的不動産を第三者に譲渡した場合には，譲渡担保権を設定した債務者は，当該第三者からの**明渡請求に対し**，譲渡担保権者に対する清算金支払請求権を被担保債権とする**留置権**を主張することができない。 ⇒✕

② 不動産を目的とする譲渡担保権の実行に伴って譲渡担保権設定者が取得する清算金支払請求権と譲渡担保権者の譲渡担保契約に基づく当該譲渡担保の目的不動産の明渡請求権とは**同時履行の関係**に立ち，譲渡担保権者は，譲渡担保権設定者からその明渡債務の履行の提供を受けるまでは，自己の清算金支払債務の全額について**履行遅滞**による責任を負わない。 ⇒○

2択の決め手！ 清算金支払請求権と目的物引渡請求権の関係に着目

思考プロセスと解説

設問①，②ではともに，**設定者の清算金支払請求権と譲渡担保権者の目的物引**

渡請求権が同時履行の関係に立ちます（最判昭46.3.25，最判平15.3.27）。

そして

留置権は第三者に主張できるため，譲渡担保権が設定されている場合において，譲渡担保権者が譲渡担保権の実行として目的物を第三者に譲渡したときは，設定者は，第三者に対し，譲渡担保権者に対する清算金支払請求権を被担保債権とする留置権を主張することができます（最判平9.4.11）。

同様に

譲渡担保権の実行に伴って**設定者が取得する清算金請求権と譲渡担保権者の譲渡担保契約に基づく目的不動産の明渡請求権とは同時履行の関係**に立ち，譲渡担保権者は，設定者から明渡債務の履行の提供を受けるまでは，自己の清算金支払債務の全額について履行遅滞による責任を負いません（最判平15.3.27）。

2 譲渡担保権②

問題2

① Aは，その所有する甲土地を目的として，Aの債権者であるBのために譲渡担保権を設定し，所有権の移転の登記をしたが，**Aが弁済期に債務を弁済しないため，Bが甲土地をCに譲渡**し，所有権の移転の登記がされた場合，**Cが背信的悪意者であるとき**は，残債務を弁済して甲土地を受け戻し，Cに対し，甲土地の所有権を主張することができる。

⇒✕

② Bが，Aに対する貸金債権の担保として，Aが所有する甲土地を目的とする譲渡担保権の設定を受け，所有権の移転の登記を備えた場合において，貸金債権の弁済期が到来し，**Aが債務の全額を弁済した。その後，Bが甲土地をCに譲渡**し，所有権の移転の登記をした。**Cが背信的悪意者であるとき**は，AはCに対し，甲土地の所有権を主張することができる。

⇒○

2択の決め手！ 不動産の譲渡が行われたタイミングをチェック

思考プロセスと解説

設問①，②はともに譲受人が背信的悪意者であることは共通していますが，譲受人Cの登場の時期が異なっています。**設問①では，弁済期後，Aの弁済前に**Bが不動産をCに譲渡しているのに対し，**設問②では，Aが弁済した後に**Bが不動産をCに譲渡しています。

そして

設問①は，弁済期後に譲渡担保権者が甲土地を譲渡した場合，設定者の受戻権は消滅するのかという点が問題となるところ，判例は，当該**第三者が背信的悪意者であっても，確定的に目的不動産の所有権を取得し，受戻権は消滅する**と解しています（最判平6.2.22）。

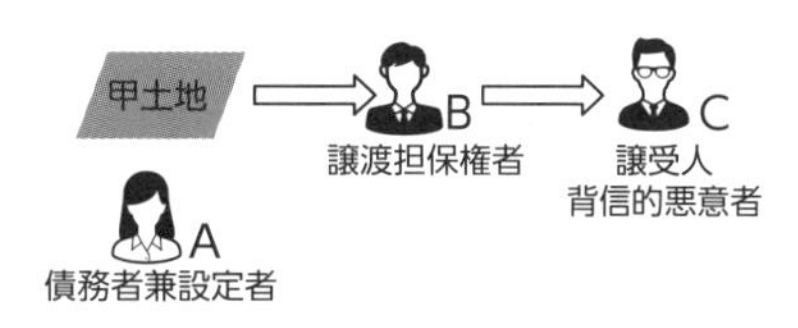

よって，AはCに対し，甲土地の所有権を主張することができません。

設問②では

弁済後に不動産が譲渡されているので，所有権が譲渡担保権者Bから設定者Aに復帰することから，譲受人Cとの二重譲渡同様の対抗問題として考えることになります。

よって，背信的悪意者であるCは177条の「第三者」に該当しないため，Aは登記なくして甲土地の所有権を主張することができます。

● 受戻権のまとめ

意　義	譲渡担保の設定者が債務の全額を弁済して譲渡担保権を消滅させ，目的物の所有権を回復する権利をいう。
消滅時期	弁済期経過後，譲渡担保権者が担保権の実行を完了させるまでの間は受戻しが可能。 以下のいずれかの事由があると，受戻権は消滅する（最判昭62.2.12）。 ①　譲渡担保権者の債務者に対する清算金の支払又はその提供 ②　譲渡担保権者の目的不動産の評価額が債務の額を上回らないときは，その旨の通知（清算金がない旨の通知） ③　譲渡担保権者による目的不動産の処分*1,2
受戻権の放棄	設定者は，譲渡担保権者が清算金の支払又は提供をせず，清算金がない旨の通知もしない間に譲渡担保の目的物の受戻権を放棄しても，譲渡担保権者に対して清算金の支払を請求することができない（最判平8.11.22）。

＊1　第三者が背信的悪意者であっても同様である（最判平6.2.22）。

＊2　譲渡担保権者の債権者が目的物を差し押さえ，その旨の登記がされた場合も含む（最判平18.10.20）。

チェックポイント

1 譲渡担保権①

・清算金支払請求権と目的物引渡請求権の関係に着目

設定者の清算金支払請求権と譲渡担保権者の目的物引渡請求権は同時履行の関係に立つ

2 譲渡担保権②

・不動産の譲渡が行われたタイミングをチェック

弁済期後，弁済前に譲渡担保権者が目的物を譲渡した場合は，譲受人が背信的悪意者であっても有効に権利を取得する

学習計画を立てる際のコツ

学習計画を立てる際には，びっしり詰め込み過ぎないように注意が必要です。

計画を立て，いざ実行するときに予定通りに進まないことは多いでしょう。

予定を細かく詰めすぎてしまうと，達成できなかったときにモチベーションが下がってしまいます。計画はなるべく**大まかに立てること**が重要です。

具体的には，**一週間単位で計画を立てましょう。**イレギュラーなことが起こるときもあり，予定通り勉強が終わらないことも多いです。

計画を立てる際は，**無理をせずに自分ができる分量を設定し，これだけは絶対にやるということを決めて，実行しましょう。**

民　法　第４編

債権総論

13 債権総論①

イントロダクション

ここでは，債権者代位権・詐害行為取消権・多数当事者の債権及び債務・保証を取り扱っていきます。詐害行為取消権は債務者・受益者・転得者の3者間の関係を理解することが重要です。民法改正により，詐害行為取消請求を認容する確定判決の効力は債務者にも及ぶことになったので注意しましょう。また多数当事者の債権及び債務に関しては，連帯債務が試験対策上重要となります。連帯債務と連帯債権の異同は知識が混乱しがちな箇所なので，両者を比較して学習を進めていきましょう。

1 債権者代位権

問題 1

① 債権者AがBに対する金銭債権を保全するために，BのCに対する**動産の引渡請求権**を代位行使するに当たっては，Aは，Cに対し，その物をBに引き渡すことを請求することができるが，**直接自己に引き渡すことを請求**することもできる。 ⇒○

② 不動産がCからB，BからAに順次売買されたにもかかわらず，所有権の登記名義人がCのままである場合に，Aは，Bに対する**所有権移転登記請求権**を保全するためにBのCに対する所有権移転登記請求権を代位行使するに当たっては，**直接自己名義への移転登記の手続を請求**することができる。 ⇒×

2択の決め手！ 請求している対象をチェック

思考プロセスと解説

債権者は，被代位権利を行使する場合において，被代位権利が金銭の支払又は動産の引渡しを目的とするものであるときは，相手方に対し，その**履行を自己に対してするよう請求することができます**（423条の3前段）。これは，債務者が受領しない場合に手続が先に進まないことから認められているのです。

一方

債権者は，**被代位権利が所有権移転登記請求権**であるときは，登記を債務者名義に移転するように請求することができますが（423条の7），**直接自己名義に移転するように請求することはできません**（大判明36.7.6）。

2 詐害行為取消権

問題2

① 転得者が存しない場合における詐害行為取消訴訟では，**債務者及び受益者を被告**とする必要がある。 ⇒✕

② 転得者が存しない場合における詐害行為取消請求を認容する確定判決は，受益者のみならず，**債務者に対しても**その効力を有する。 ⇒〇

2択の決め手！

円滑な訴訟の進行と統一的な紛争解決の観点に着目

思考プロセスと解説

本問は，詐害行為取消訴訟の被告を誰にするのか，また，**判決の効力は誰に及ぶのか**を比較の観点から出題したものです。まず，詐害行為取消請求は，必ず裁判上で行使しなければなりません（424条1項）。そして，**受益者に対する詐害行為取消請求訴訟の被告は受益者**です（424条の7第1項1号）。

よって

設問①は受益者だけでなく，債務者も被告とする必要があるとしているため，誤りとなります。仮に債務者を被告としなければならないとすると，債務者が行方不明だったり死亡していたりした場合に，**円滑な訴訟の進行が害される**おそれがあるからです。

次に

受益者に対する詐害行為取消請求を認容する確定判決の効力は，当事者である取消債権者及び受益者に及ぶのは当然ですが（民事訴訟法115条1項1号），**債務者及びそのすべての債権者に対しても及びます**（425条）。

なぜなら

仮に債務者に確定判決の効力が及ばないとすると，**関係者間の統一的な利害調整が図れない**からです。つまり，確定判決の効力が及んでいる受益者は，財産を返還しなければならないのにもかかわらず，債務者に対し，支払っていた金銭の返還を請求することができなくなるというような不都合が生じてしまうからです。

よくある質問

Q 債務者と受益者・転得者との関係がよくわかりません。

●債務者と受益者との関係について
詐害行為取消請求を認容する確定判決の効力は債務者にも及ぶため，債務者の受益者に対する財産処分行為が取り消された場合には，受益者は債務者に対して反対給付の返還請求権又は価額償還請求権を有します（425条の2）。また，債務者の受益者に対する債務消滅行為（e.g. 代物弁済）が取り消された場合に，受益者が債務者から受けた給付を返還し，又はその価額の償還をしたときは，受益者の債務者に対する債権が回復します（425条の3）。

●債務者と転得者との関係について
上記のとおり，詐害行為取消請求を認容する確定判決の効力は債務者にも及びますが，当該判決の効力はあくまで相対的効力です。すなわち，転得者を相手方とする詐害行為取消請求を認容する確定判決の効力は，債務者には及ぶものの，受益者には及びません。そのため，転得者は受益者に対して反対給付の返還請求権や価額償還請求権を有することはなく，その代わりに受益者に対して詐害行為取消請求がされた場合に受益者が有するはずであった反対給付の返還請求権又は価額償還請求権を，債務者に対して行使することができます（425条の4）。

3 連帯債務・連帯債権①

問題 3

① **連帯債務者**の一人に対して債権者が**履行の請求**をした場合であっても，他の連帯債務者に対しては，その効力を生じない ⇒○

② **連帯債権者**の一人が債務者に対して**履行の請求**をした場合であっても，他の連帯債権者に対しては，その効力を生じない ⇒×

連帯債務か連帯債権かをチェック

思考プロセスと解説

連帯債務者の一人に対して履行の請求がされた場合であっても，**他の連帯債務者に対しては，その効力を生じません**（相対的効力の原則　441条本文）。

なぜなら

連帯債務者相互に密接な関係がない事例も多く，連帯債務者の一人に対する履行の請求があったとしても，そのことを知らない**他の連帯債務者がいつの間にか履行遅滞に陥っている**などといった不測の損害を受けるおそれがあるからです。

一方

連帯債権者は，各自で，すべての債権者のために全部又は一部の履行を請求することができ，履行の請求があった場合は，**他の連帯債権者に対しても，その効力が生じる**ことになります（432条参照）。

4 連帯債務・連帯債権②

問題 4

① **連帯債務者**の一人に対して**債務の免除**があったときは，他の連帯債務者との関係でもその効力を生ずる。 ⇒×

② **連帯債権者**の一人が債務者に対して**債務の免除**をしたときは，他の連帯債権者との関係でもその効力が生じる。 ⇒**○**

2択の決め手！ 連帯債務か連帯債権かをチェック

思考プロセスと解説

連帯債務者の一人に対して債務の免除がされた場合であっても，他の連帯債務者に対しては，その効力を生じません（相対的効力の原則　441条本文）。

なぜなら

債務の免除をした債権者において，**他の連帯債務者との関係でも債務を免除する意思を有しているとは限らない**からです。

一方

連帯債権者の一人と債務者との間に免除があったときは，**他の連帯債権者との関係でもその効力が生じます**（433条）。

なぜなら

連帯債権において，**債務の免除**を相対的効力の事由とすると，他の連帯債権者は債務者に対して債権全体の履行を請求することができますが，これにより得た利益のうち，免除をした連帯債権者に分与すべき利益を債務者に償還しなければならなくなり，迂遠だからです。

● 連帯債権と連帯債務の効力

○：絶対的効力　×：相対的効力

	弁　済	更　改	免　除	相　殺	混　同	履行の請求	時効の完成
連帯債権	○	○*	○*	○	○	○	×
連帯債務	○	○	×	○	○	×	×

＊　絶対的効力が生じる範囲については433条を参照。

5 保　証

問題 5

① 主たる債務者がした**債務の存在の承認**による時効の更新の効力は，保証人にも及ぶ。 ⇒○

② 主たる債務者がした**時効利益の放棄の効力**は，保証人には及ばない。 ⇒○

2択の決め手！ 主たる債務者が行っている行為をチェック

思考プロセスと解説

主たる債務者に生じた事由は，**保証人に影響を及ぼす**ため（保証債務の付従性 457条1項参照），主たる債務者がした債務の存在の承認による時効の更新の効力は，保証人にも及びます。

一方

主たる債務者が時効完成後に主たる債務について時効利益の放棄をしても，保証人に影響を及ぼしません（大判昭6.6.4）。

なぜなら

時効利益の放棄は，時効援用権の放棄を意味するところ，当事者の意思が重視されるべきだからです。

● **保証・連帯保証のまとめ**

主債務者に生じた事由	原則：保証人に及ぶ 例外：時効利益の放棄の効力は及ばない
保証人に生じた事由＊1	主債務を消滅させる行為：主債務者に及ぶ 上記以外の行為　　　　：主債務者に及ばない＊2

＊1　連帯保証の場合，連帯保証人に対して生じた事由のうち，弁済（代物弁済・供託を含む）・更改・相殺・混同は，主たる債務者に影響を及ぼす（458条）。

＊2　債権譲渡の対抗要件としての通知が保証人に対してのみされても，主たる債務者のみならず，保証人に対しても対抗要件とならない（大判昭9.3.29）。

チェックポイント

1 債権者代位権

・請求している対象をチェック

直接自己名義への移転登記手続を請求することはできない　cf. 動産の引渡請求権

2 詐害行為取消権

・円滑な訴訟の進行と統一的な紛争解決の観点に着目

被告は受益者のみ，認容判決の効力は債務者と第三者にも及ぶ

3 連帯債務・連帯債権①

・連帯債務か連帯債権かをチェック

連帯債務者の一人に対して履行の請求をした場合であっても，他の連帯債務者に対しては，効力を生じない　cf. 連帯債権

4 連帯債務・連帯債権②

・連帯債務か連帯債権かをチェック

債務者の一人に対して債務の免除がされた場合であっても，他の連帯債務者に対しては，その効力を生じない　cf. 連帯債権

5 保　証

・主たる債務者が行っている行為をチェック

主たる債務者が時効完成後に主たる債務について時効利益の放棄をしても，保証人に影響を及ぼさない

14 債権総論②

イントロダクション

債権譲渡は，①誰が，②どんな債権の譲渡を受け，③いつ通知又は承諾が到達したのか，④通知又は承諾は確定日付がある証書によりされたものかどうかを正確に把握することがポイントとなります。また，本試験では相殺の可否が頻出ですが，問題を解く際は相殺制度の趣旨を考えることが重要です。設問を通じて制度趣旨から問題を解く癖をつけていきましょう。

1 債権譲渡

問題 1

次の対話は，預貯金債権以外の金銭の給付を目的とする債権の譲渡に関する教授と学生との対話である。教授の質問に対する学生の回答①，②の正誤を判断せよ。なお，「悪意」又は「重過失」は，当該債権に譲渡制限の意思表示があることに関するものを指すものとする。

教授：　民法は，当事者が債権の譲渡を禁止し，又は制限する旨の意思表示（以下，「譲渡制限の意思表示」という）をした場合に関する規律を定めています。そこで，**譲渡制限の意思表示がされた債権の譲渡**に関して，いくつか質問します。まず，譲渡制限の意思表示がされた金銭の給付を目的とする債権が譲渡された場合，**譲受人が重過失**であったときは，譲受人は当該債権を取得することができますか。

学生：　①　その場合，譲受人は当該債権を**有効に取得**しますが，**債務者は譲渡人に対して弁済をした**場合，これをもって，当該債権が消滅したことを，譲受人に対抗することができます。　⇒○

教授：　それでは，**譲受人が悪意**であり，債務者が譲受人に対して履行を拒んでいる場合には，譲受人はどのような手段をとることができるでしょうか。

学生：　②　譲受人は，債務者に対して相当の期間を定めて譲渡人への履行の催告をし，その期間内に履行がないときは，**債務者は**，譲受人に対し，**債務の履行を拒むことができなくなります。**　⇒○

債務者と譲受人の保護規定に着目

思考プロセスと解説

預貯金債権以外の譲渡制限特約が付された債権が譲渡されたときは，譲受人は，当該**特約につき悪意又は重過失であっても**，債権を有効に取得することができます（466条2項参照）。これは，譲渡制限特約に反する債権譲渡が絶対的に無効だとすると，債権者が債権を譲渡して資金調達を行う機会を妨げる要因となるからです。

もっとも

債務者にとって譲渡制限特約を付する目的は，弁済の相手方を固定することにより，見知らぬ第三者が弁済の相手方となるといった事態を防ぐことにあります。このような債務者の期待を保護する必要があるため，**債務者は悪意又は重過失の譲受人に対して履行を拒絶でき，譲渡人に対してした弁済等をもって譲受人その他の第三者に対抗することができる**としているのです（466条3項）。よって，学生の回答①では，債務者は譲渡人に対しての弁済で当該債権が消滅したことを，譲受人に対抗することができます。

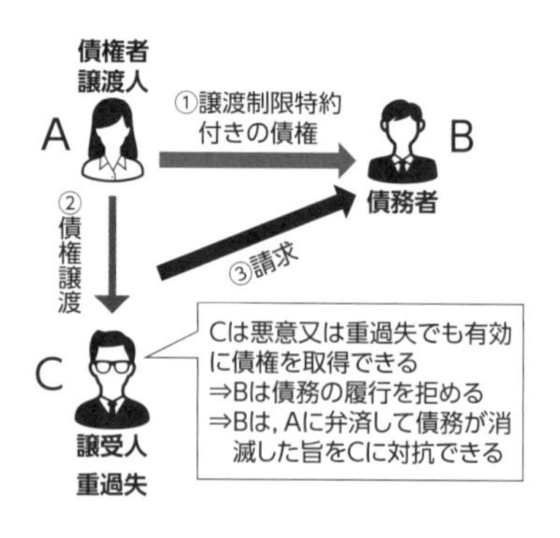

その一方で

債権を有効に譲り受けた譲受人の利益を保護する必要もあります。そこで，債務者が債務を履行しない場合において，譲受人が相当の期間を定めて譲渡人への履行の催告をし，その期間内に履行がないときは，債務者は譲受人に対して債務の履行を拒むことができなくなるのです（466条4項）。

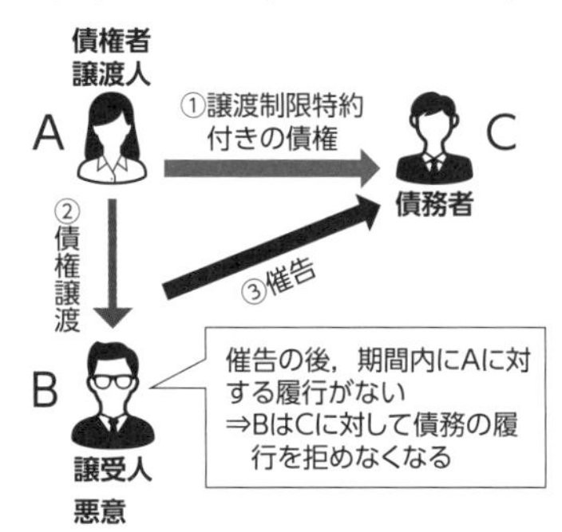

2 第三者弁済

問題2

① 弁済をするについて**正当な利益を有する者でない第三者**が，**債務者の意思に反して弁済**をした場合には，債務者の意思に反することを**債権者が知らないで弁済を受領**したときでも，当該弁済は無効である。 ⇒×

② 弁済をするについて**正当な利益を有する者でない第三者**が，債務者の委託を受けて弁済をする場合において，**債権者がそのことを知っていたとき**は，債権者は，弁済の受領を拒むことができない。 ⇒○

例外的に弁済が有効となるケースかチェック

思考プロセスと解説

設問①，②はともに，弁済をするについて正当な利益を有する者でない第三者が弁済する事例の設問です。**正当な利益を有する者でない第三者は，債務者又は債権者の意思に反して弁済することができません**（474条2項本文，同条3項本文）。

ただし

当該第三者の弁済が債務者の意思に反する場合であっても，それを**債権者が知らなかったとき**には，債権者を保護するため，その**弁済は有効**になります（474条2項但）。よって，設問①では例外的に弁済が有効になるケースに該当し，弁済は有効となります。

また

当該**第三者が債務者の委託を受けて弁済**する場合において，そのことを**債権者が知っていたとき**は，債権者を保護する必要性が低いことから，**弁済は有効**となります（474条3項但）。よって，設問②も例外的に弁済が有効になるケースに該当し，弁済は有効となります。

● 第三者弁済ができない場合

	例　外
①　債務の性質が許さないとき	な　し
②　当事者が禁止・制限する意思表示をしたとき	な　し
③　債務者の意思に反するとき	正当な利益を有する第三者は可＊
	正当な利益を有していない場合 →　債権者が知らないで弁済を受領したときは有効
④　債権者の意思に反するとき	正当な利益を有する第三者は可＊
	正当な利益を有していない場合 →　第三者が債務者の委託を受けていることを債権者が知っているときは有効

＊　正当な利益を有する第三者（e.g. 物上保証人，第三取得者，後順位抵当権者，借地上の建物賃借人）は，債権者・債務者の意思に反しても弁済できる。

3 相 殺

問題 3

① 消滅時効にかかった債権であっても，**消滅時効の完成前に相殺適状にあった場合**には，債権者は，当該債権を自動債権として相殺することができる。 ⇒○

② 債権の消滅時効が完成してその援用がされた後にそのことを知らずに当該**債権を譲り受けた**者は，**時効完成前に譲り受けたとすれば相殺適状にあった場合**に限り，当該債権を自動債権として，相殺することができる。 ⇒×

相殺制度の簡易な決済を可能にする趣旨に着目

思考プロセスと解説

時効によって消滅した債権がその消滅以前に相殺に適するようになっていた場合には，その債権者は，その債権を自動債権とする相殺をすることができます（508条）。これは，対立する債権が相殺適状になったら，**当事者は自動的に決済されたと考えるのが通常**であることを考慮し，この信頼を保護する趣旨です。

しかし

債権の消滅時効が完成し，その援用がされた後は，そのことを知らないで当該債権を譲り受けた場合であっても，当該債権を自動債権とする相殺をすることができません（最判昭36.4.14）。

なぜなら

この場合，すでに時効により消滅した債権を譲り受けており，相殺適状が生ずる余地がない以上，先述した508条の趣旨が妥当しないからです。

● **相殺の可否の例**

○：相殺可　×：相殺不可

	自働債権として相殺	受働債権として相殺
時効消滅した債権	原則：× 例外：○(508)	○＊1
不法行為等に基づく損害賠償債権(509)	○	×＊2

＊1　債務者は，受働債権の消滅時効を援用しないで相殺をすればよい。
＊2　受働債権が，①悪意による不法行為に基づく損害賠償の債務に係る債権である場合，②人の生命又は身体の侵害による不法行為又は債務不履行に基づく損害賠償の債務に係る債権である場合。

チェックポイント

1 債権譲渡

・債務者と譲受人の保護規定に着目

譲渡制限特約が付された債権が譲渡されたとき，債務者は悪意又は重過失の譲受人に対しては，履行を拒絶でき，譲渡人に対してした弁済等をもって譲受人その他の第三者に対抗することができる

2 第三者弁済

・例外的に弁済が有効となるケースかチェック

債務者の意思に反することにつき債権者が善意の場合には当該弁済は有効となる

3 相　殺

・相殺制度の簡易な決済を可能にする趣旨に着目

消滅時効にかかった債権であっても，消滅時効の完成前に相殺適状にあった場合には，債権者は，当該債権を自働債権として相殺することができる

民　法　第5編

債権各論

15 債権各論①

イントロダクション

債権法改正により，危険負担の制度が，反対給付を消滅させるものから，債権者に反対給付の拒絶権を与えるものに変更されました。債権者の帰責事由の有無に着目するとスムーズに問題を解くことができます。また，売買では，売買の目的物が契約の内容に適合しない場合における買主に認められる追完請求権が改正により新設されました。設問を通じて債権法改正点についての知識もブラッシュアップしていきましょう。

1 同時履行の抗弁権

問題 1

① 売主Aが買主Bに対して弁済期に目的物引渡債務についての**弁済の提供をした後に代金の支払請求**をした場合には，その弁済の提供が継続されていないときであっても，Bは，同時履行の抗弁権を主張することができない。 ⇒×

② 売主Aが買主Bに対して弁済期に自己の債務の弁済の提供をして履行を催告し，Bがその履行をしなかった場合において，AがBの**債務不履行を理由に契約を解除**するときは，更に弁済の提供を継続することを要しない。 ⇒○

2択の決め手！ 継続した弁済の提供が必要かをチェック

思考プロセスと解説

相手方に履行を請求する場合，相手方の同時履行の抗弁権（533条）を失わせるためには，**弁済の提供の継続が必要**となり，いったん弁済を提供するだけでは足りません（最判昭34.5.14）。

なぜなら

当事者の一方が一度提供すれば同時履行の抗弁権を失わせることができるとすると，その当事者の財産状況が悪化したり，目的物を転売した場合でも，他方の当事者は無条件に履行しなければならず，不公平な結果を招くからです。よって，設問①の場合にはAのBに対する目的物引渡債務の弁済の提供が継続されていないため，Bは同時履行の抗弁を主張できます。

一方

双務契約の当事者の一方が，相手に対し，自己の債務の弁済の提供をして履行を催告し，相手方がその履行をしなかった場合において，**相手方の債務不履行を理由に契約を解除するときは，更に弁済の提供を継続することを要しません**（大判昭3.10.30）。解除は契約をなかったことにするものであるため，上記の趣旨が妥当しないからです。よって，設問②では，Aは，弁済の提供を継続せずに解除することができます。

2 危険負担

問題 2

① AはBに対してA所有の建物を売り渡す契約をしたが，引渡しをしない間に**建物が地震によって滅失**した場合は，BはAからの代金支払請求を拒むことはできない。 ⇒✕

② AはBに対してA所有の建物を売り渡す契約をしたが，引渡しをしない間に**建物がBの帰責事由によって焼失**した場合は，BはAからの代金支払請求を拒むことはできない。 ⇒○

2択の決め手！ 債権者に帰責事由があるかチェック

思考プロセスと解説

当事者双方の帰責事由によらずに債務を履行することができなくなったときは，債権者は，反対給付の履行を拒むことができます（536条1項）。**一方の債務の履行が不能であるのに，他方の債務の履行が強制されるのは妥当ではない**からです。

一方

債権者の帰責事由によって債務を履行することができなくなったときは，債権者は，反対債務の履行を拒むことができません（536条2項前段）。この場合には，債権者に帰責事由がある以上，上記の趣旨が妥当しないからです。

よって

設問①では，BはAからの代金支払請求を拒むことができますが，設問②では，BはAからの代金支払請求を拒むことができません。

● 危険負担のまとめ　　○：債権者の履行拒絶可　×：不可

当事者双方に帰責事由なし	債務者に帰責事由あり	債権者に帰責事由あり
○	○	×

3 売　買

問題 3

①Aは，Bに対し，甲自動車を売却したが，甲自動車にはエンジンに故障があり，契約の内容に適合しないものであった。この場合において，甲自動車の修理が可能であるときは，BはAに対し，甲自動車の修理を請求することができるが，**代わりの自動車を引き渡すことによる履行の追完**を請求することができない。　⇒×

②Aは，Bに対し，甲自動車を売却したが，甲自動車にはエンジンに故障があり，契約の内容に適合しないものであった。この場合において，**Bが甲自動車の修理を求めたときは，Aは，代わりの自動車を引き渡す**ことによって履行の追完を行うことはできない。　⇒×

履行の追完請求権の種類に着目

思考プロセスと解説

引き渡された目的物が種類，品質，数量に関して契約の内容に適合しないものであるときは，買主は，売主に対し，履行の追完を請求することができます（562条1項）。

そして

履行の追完の方法としては，Ⅰ．**目的物の修補**，Ⅱ．**代替物の引渡し**，Ⅲ．**不足分の引渡し**があり，その**選択権は買主に与えられています**（562条1項本文参照）。よって，設問①では，BはAに対し，甲自動車の修理を請求することもでき，代わりの自動車を引き渡すことによる履行の追完の請求もすることができます。

ただし

売主は，買主に不相当な負担を課すものではないときは，**買主が請求した方法と異なる方法**で履行を追完することができます（562条1項但）。

よって

設問②では，Aは，「目的物の修補」として甲自動車の修理を請求されていますが，Bに不相当な負担を課すものでないときは，代替物の引渡しとして代わりの自動車を引き渡すことによって履行の追完を行うことができます。

なぜなら

買主が請求した選択よりも，容易で費用も廉価であり，買主にも不利益でない場合には，売主に他の手段による追完を認めても問題がないからです。

● **契約不適合と売主の責任**＊1，2

<table>
<tr><td rowspan="1">意義</td><td>売主が買主に引き渡した目的物が，種類・品質・数量に関して，契約の内容に適合しない場合，売主の債務不履行と評価される
→　債務不履行に基づく権利（①追完請求権，②代金減額請求権，③損害賠償請求権，④解除権）を選択して行使できる</td></tr>
<tr><td rowspan="6">内容</td><td>① 追完請求権</td></tr>
<tr><td>方　法　買主は，ⓐ目的物の修補，ⓑ代替物の引渡し，ⓒ不足分の引渡しから，選択して請求できる
ただし，売主は，買主に不相当な負担を課すものではないときは，買主が請求した方法と異なる方法で履行を追完することができる</td></tr>
<tr><td>② 代金減額請求権</td></tr>
<tr><td>要　件　代金減額請求権は，契約の一部解除の実質を有するため，その要件は，解除の場合と同様に構成されている</td></tr>
<tr><td>③ 損害賠償請求権</td></tr>
<tr><td>④ 解除権</td></tr>
</table>

＊1　不適合が買主の帰責事由によるものであるときは，買主は売主の責任を追及することができない。

＊2　売主が種類・品質に関して契約の内容に適合しない目的物を買主に引き渡した場合に，買主がその不適合を知った時から1年以内にその旨を売主に通知しないときは，買主は，債務不履行に基づく買主の権利を行使できない。ただし，売主が引渡時にその不適合につき悪意又は重過失だったときは，この限りでない（566条）。

4 消費貸借契約

問題 4

①　利息付きの金銭消費貸借における**借主**は，返還の時期が定められている場合には，その期限前に返還をすることができない。　⇒✕

②　消費貸借の**貸主**は，**目的物の返還の時期の定めがない場合**には，借主に対していつでもその返還を請求することができる。　⇒✕

2択の決め手！

①借主は，いつでも返還できることに着目
②貸主による返還請求の場合は，返還時期の定めがあるかをチェック

思考プロセスと解説

消費貸借における**借主は，返還時期の定めの有無にかかわらず，いつでも返還をすることができます**（591条2項）。

なぜなら

消費貸借における返還時期の定めは，通常，借主のために目的物の返還を猶予するものであり，借主に目的物を借り続ける義務を負わせるものではないからです。

一方

返還時期の定めがない場合，**貸主は**，相当の期間を定めて，**借主に返還の催告をすれば**返還請求することができます（591条1項）。よって，**借主に対していつでも返還請求することができるわけではありません。**

● 消費貸借の返還時期

	返還時期の定めあり	返還時期の定めなし
貸主の返還請求	返還時期まで請求できない	相当の期間を定めて借主に返還の催告が必要
借主の返還	いつでも返還できる	

チェックポイント

1 同時履行の抗弁権

・継続した弁済の提供が必要かをチェック

相手方に履行を請求する場合，相手方の同時履行の抗弁権を失わせるためには，弁済の提供の継続が必要となり，いったん弁済を提供するだけでは足りない

cf.解除する場合

2 危険負担

・債権者に帰責事由があるかチェック

債権者の帰責事由によって債務を履行することができなくなったときは，債権者は，反対債務の履行を拒むことができない

3 売　買

・履行の追完請求権の種類に着目

売主は，買主に不相当な負担を課すものではないときは，買主が請求した方法と異なる方法で履行を追完することができる

4 消費貸借契約

①借主は，いつでも返還できることに着目

②貸主による返還請求の場合は，返還時期の定めがあるかをチェック

消費貸借における借主は，返還時期の定めの有無にかかわらず，いつでも返還をすることができる

cf. 貸主による返還請求

16 債権各論②

イントロダクション

賃貸借契約は，論点が多岐にわたり，かつ場合分けも非常に多い分野なので苦手意識をもちやすいです。ここでは，地位の移転や転貸借契約の設問を通じて，キーワードに着目しながら知識を整理していきます。また，委任・事務管理は，共通する部分が多いため，設問を通じて両者の異同に注意して学習していきましょう。

1 賃貸借契約

問題 1

① **賃貸人たる地位**が賃貸不動産の譲渡により移転したときは，敷金の返還に係る債務は，当該不動産の譲受人が承継する。 ⇒〇

② **賃借人たる地位**が賃貸不動産に係る賃借権の譲渡により移転したときは，敷金の返還請求権は，当該賃借権の譲受人が承継する。 ⇒✕

2択の決め手！ 移転している地位が，賃貸人たる地位か賃借人たる地位かをチェック

思考プロセスと解説

賃貸不動産の譲渡により**賃貸人たる地位が移転した**場合には（605条の2第1項，605条の3），敷金に関する権利義務関係は，**新賃貸人に承継**されます（605条の2第4項）。

なぜなら

賃貸人たる地位が賃借人の承諾なくして移転する場合に，賃借人が契約関係から離脱した譲渡人に敷金の返還請求等をしなければならないとすると，**回収の困難を強いる**ことになりかねないからです。

一方

賃借人が適法に賃借権を譲渡したときは，その時点で賃貸人に敷金返還債務が生じます（622条の2第1項2号）。そのため，賃借権の適法な譲渡により賃借人の地位の変更があった場合には（612条1項），敷金に関する権利義務関係は，特約がない限り，**新賃借人には承継されません**。

なぜなら

仮に，当然に敷金返還債務が承継されると考えると，旧賃借人が負担した敷金により新賃借人の債務が担保されることになり，**旧賃借人に不測の損害が生じるおそれがあるから**です。

● **敷金**

意　義	賃料債務その他の賃貸借に基づいて生ずる賃借人の賃貸人に対する金銭の給付を目的とする債務を担保する目的で，賃借人が賃貸人に交付する金銭
返還債務の発生時期	①　賃貸借が終了して賃借物が返還された時 →　賃借物の返還が先履行であり，敷金の返還と同時履行とならない ②　賃借人が適法に賃借権を譲渡した時
地位の交替	賃貸人の交替：新賃貸人に承継される 賃借人の交替：新賃借人には承継されない

2 転貸借契約

問題2

①　A所有の甲建物をAから賃借したBがAの承諾を得て甲建物をCに転貸した場合に，AB間で甲建物の賃貸借契約を**合意解除**したときには，甲建物の転貸借に関するCの権利が消滅する。 ⇒×

②　A所有の甲建物をAから賃借したBがAの承諾を得て甲建物をCに転貸した場合に，**Bの賃料支払債務の不履行**を理由にAB間の賃貸借契約を解除するときには，Aは，あらかじめCに対して賃料の支払を催告しなければならない。 ⇒×

2択の決め手! 賃貸借契約解除の理由が，合意解除か債務不履行解除のどちらなのかをチェック

思考プロセスと解説

賃借人が適法に賃借物を転貸した場合には，賃貸人は，賃借人との間の賃貸借を**合意により解除**したことをもって転借人に対抗することができません（613条3項本文）。

なぜなら

賃貸人と賃借人との間の勝手な合意で転借人の利益が害されるのは妥当でないからです。

一方

賃貸人が賃借人の**債務不履行を理由として賃貸借契約を解除**した場合は，転借人は，転貸借契約があることをもって賃貸人に対抗することはできません。そして，賃貸人は，契約の相手方たる賃借人に対して催告すれば足り，あらかじめ転借人に対して賃料支払の**催告をする必要はありません**（最判昭37.3.29）。

なぜなら

賃貸借契約と転貸借契約はあくまで別個の契約であるため，あらかじめ転借人に対して賃料支払の催告をする必要はないと考えられるからです。

● 賃貸借契約の解除の影響（転借人への対抗の可否）

債務不履行による解除	合意解除
可＊1	不　可＊2

＊1　あらかじめ転借人に対して賃料支払の催告をする必要はない（最判昭37.3.29）。
＊2　合意解除の当時，賃貸人が賃借人の債務不履行による解除権を有していたときは，これを転借人に対抗できる（613条3項但）。

3 請　負

問題 3

① 建物建築工事の請負契約において，**請負人が自ら材料を提供**しており，かつ，注文者に対する引渡しがされていないときは，完成した建物の所有権は，当該請負人に帰属する。 ⇒○

② 建物建築工事の請負契約の**注文者**が，建物の完成前に，**請負代金の全額を契約で定めた支払期日までに請負人に支払った**場合には，完成した建物の所有権は，注文者に帰属する。 ⇒○

2択の決め手！ 請負人の報酬請求権を確保する必要があるかチェック

思考プロセスと解説

請負人が建物の材料の全部又は主要な部分を提供したときは，別段の意思表示がない限り，完成建物の所有権は請負人に帰属し，**請負人から注文者への引渡しによって所有権が注文者に移転**します（大判明37.6.22，大判大3.12.26）。

なぜなら

仕事の目的物の引渡しを要する場合は，**目的物の引渡しと報酬の支払が同時履行**とされているため（633条本文），所有権の移転時期を目的物の引渡時期に合わせ，請負人の報酬請求権を確保することが望ましいと考えられるからです。

一方

建物建築請負契約において，建物完成と同時に注文者に所有権が帰属する旨の特約がある場合には，建物完成と同時に注文者に所有権が帰属することになります（大判大5.12.13）。

そして

明示の特約がない場合でも，建物完成前に請負代金が完済又は大部分が支払われているときは，特段の事情のない限り，建物の所有権は，完成と同時に注文者に帰属するとの特約があるものと推認されることになります（大判昭18.7.20，最判昭46.3.5）。

よって

代金全額が請負人に支払われている場合には，完成した建物の所有権は，注文者に帰属します。この場合，**請負人の報酬請求権を確保する必要がない**からです。

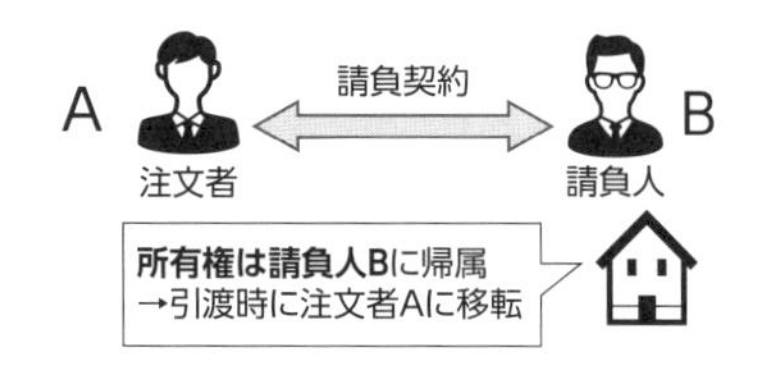

4 委任及び事務管理

問題 4

① 委任契約の**受任者**は，委任事務を処理するに当たり，自己に過失なく損害を受けたときは，**委任者の過失の有無を問わず，委任者に損害賠償を請求**することができるが，**事務管理**の場合には，本人に対して損害賠償を請求することができない。 ⇒○

② **事務管理者**は，本人に対し，**報酬請求権**を有しないが，委任契約の**受任者**は，特約があれば，委任者に**報酬を請求**することができる。

委任と事務管理の性質に着目

思考プロセスと解説

委任契約の受任者は，委任事務を処理するに当たり，自己に過失なく損害を受けたときは，**委任者の過失の有無を問わず**，委任者に損害賠償を請求することができます（650条3項）。

一方

事務管理の場合には，本人に対して損害賠償を請求することができません（701条は650条3項を不準用）。**事務管理**とは，法律上の義務がないのに，他人のためにその事務を管理するものですので，**損害賠償請求を法が予定していない**のです。

そして

委任契約は原則として無償契約ですが，報酬を支払う特約があれば，有償契約となります（648条1項）。一方，事務管理は，先述したように，法律上の義務がなく，契約関係でもないため，報酬請求権は認められません。

● 委任と事務管理の相違点

	委 任	事務管理
注意義務	善管注意義務（644）	原則：善管注意義務 例外：緊急事務管理の注意義務（698，悪意・重過失の場合のみ）
委任者・本人の損害賠償義務	無過失責任	な し
報酬請求権	特約があれば発生	な し
費用前払義務	あ り	な し

5 不法行為

問題 5

① 交通事故の被害者の後遺障害による財産上の損害賠償額の算定については，その後に被害者が第2の交通事故により死亡した場合でも，第1の交通事故と被害者の死亡との間に相当因果関係がないときは，死亡後の**生活費**を控除することができない。 ⇒○

② 交通事故により死亡した幼児の財産上の損害賠償額の算定については，幼児の損害賠償債権を相続した者が幼児の養育費の支出を必要としなくなった場合には，将来得べかりし収入額から**養育費**を控除することができる。 ⇒✕

2択の決め手！ 生活費か養育費かをチェック

思考プロセスと解説

設問①では，後遺症による損害の算定に当たって，別原因で死亡した場合に，死亡後の生活費を差し引くことができるかが問題となるところ，**生活費は原則として，損益相殺の対象**になります。

しかし

損益相殺は，問題となる不法行為を契機として得た利得を損害額から控除するものであり，**第2の交通事故という別の不法行為によって得た利得は考慮しません**。すなわち，第2の交通事故の死亡後に生活費を出さなくてよくなったことは，損益相殺が予定する，損害を被ったのと同一の原因により利益を得た場合とはいえないのです。

よって

第2の交通事故により死亡したことを考慮することはできず，生活費の控除をすることはできません（最判平8.5.31）。

そして

設問②では，養育費は損益相殺により控除することができるかが問題となるところ，**養育費は損益相殺により控除することができません**（最判昭53.10.20）。

なぜなら

幼児が将来得るであろう収入と，幼児本人ではなく父母が負担すべき養育費では，損失と利得の主体が異なるからです。

● 損益相殺の可否まとめ

	控除の可否	備　考
生活費	原則：可	例外：第１の交通事故により後遺障害を負った者の賠償額の認定に際して，その後に被害者が第２の交通事故により死亡して生活費の支出を免れても，第１の交通事故と被害者の死亡との間に相当因果関係がないときは，死亡後の生活費は控除されない(最判平8.5.31)。
養育費	不　可	―

チェックポイント

1 賃貸借契約

・移転している地位が，賃貸人たる地位か賃借人たる地位かをチェック

賃貸不動産の譲渡により賃貸人たる地位が移転した場合には，敷金に関する権利義務関係は，新賃貸人に承継される

cf.賃借権の譲渡により賃借人の地位の変更があった場合

2 転貸借契約

・賃貸借契約解除の理由が，合意解除か債務不履行解除のどちらなのかをチェック

合意解除の場合は，賃貸借契約の解除を転借人に対抗できない

cf.債務不履行による解除

3 請　負

・請負人の報酬請求権を確保する必要があるかチェック

建物完成前に請負代金が完済又は大部分支払われているときは，特段の事情のない限り，建物の所有権は完成と同時に注文者に帰属する

4 委任及び事務管理

・委任と事務管理の性質に着目

事務管理行為における本人は，報酬支払義務，損害賠償義務，費用前払義務を負わない

5 不法行為

・生活費か養育費かをチェック

生活費は原則，損益相殺の対象となるが，養育費は損益相殺の対象とならない

民　法　第6編

親族法

17 親続法

イントロダクション

婚姻に関しては，正確な知識が要求されます。婚姻の解消については，解消事由を比較することが重要です。嫡出子及び非嫡出子の問題に関しては，誰がどのような訴えをすることができるかに注意しながら知識を整理しておきましょう。養子縁組では，無効行為の転換を扱います。自然血族と法定血族をまたぐ転換はできないことに注意しましょう。

1 婚姻の解消と氏の変動

問題 1

① 婚姻によって氏を改めた者は，**離婚**によって婚姻前の氏に復するが，その**離婚の日から３か月以内**に届け出ることによって，離婚の際に称していた氏を続称することができる。 ⇒○

② 婚姻によって氏を改めた夫は，妻の**死亡**によって婚姻前の氏に復するが，その**死亡の日から３か月以内**に届け出ることによって，死別の際に称していた妻の氏を続称することができる。 ⇒×

2択の決め手！ 婚姻の解消事由が離婚か死亡かをチェック

思考プロセスと解説

婚姻の解消原因によって，当然に婚因前の氏に復するかどうかの違いがでるので注意をしましょう。婚姻の解消原因が**離婚**の場合は**当然に婚姻前の氏に復する**（767条１項）のに対し，**死亡**の場合には**原則として復氏しません**。よって，設問②は誤りとなります。

そして

離婚した場合は，離婚後３か月以内に，戸籍法による届出により，離婚の際の氏を称することができます（767条2項）。これは離婚の復氏による不都合（婚姻後の氏による社会的活動への影響など）から認められているものになります。

一方

夫婦の一方が死亡したことにより婚姻が解消した場合は，届出により，婚姻前の氏に復することができます（751条1項）。

● 婚姻解消の効果まとめ

		離　婚	一方の死亡
復氏	原則	復氏する（767 Ⅰ）	復氏しない
	例外	離婚後３か月以内に，戸籍法による届出により，離婚の際の氏を称することができる（767 Ⅱ）	戸籍法による届出によって，いつでも，婚姻前の氏に復することができる（751 Ⅰ）
姻族関係		当然に終了（728 Ⅰ）	意思表示により終了（728 Ⅱ）

2 嫡出子

問題 2

① **婚姻の成立の日から250日後に子が生まれた**場合において，婚姻の取消しが夫の重婚を理由とするときは，嫡出性が推定されないから，夫であった者は，父子関係を争うのに嫡出否認の訴えによることを要しない。 ⇒✕

② **離婚から300日以内に生まれた子**は，母とその夫であった者が離婚前から長期間にわたり別居状態にあったとしても，夫であった者の嫡出子と推定されるから，夫であった者は，父子関係を争うためには嫡出否認の訴えによらなければならない。 ⇒✕

2択の決め手！ 嫡出子の分類をチェック

思考プロセスと解説

嫡出否認の訴えは，夫の子である可能性の高い**推定される嫡出子**を対象とするため，子の地位の安定性を重視し，要件が厳格に定められているのに対し（e.g. 提訴権者が限定，提訴期間がある），親子関係不存在確認の訴えは，夫の子である可能性の低い**推定されない嫡出子**，**推定の及ばない子**を対象とするため，要件が緩やかになっています。

そして

婚姻の成立の日から200日後に生まれた子は，夫の子と推定されます（772条2項）。当該婚姻が夫の重婚を理由に取り消されたときでも，婚姻の取消しは，将来に向かってのみその効力を生じるため（将来効　748条1項），**子は推定される嫡出子のまま**です。よって，設問①では，夫が父子関係を否定するためには，嫡出否認の訴えによらなければなりません（775条）。

一方

形式的には772条の嫡出推定が及んでいるときでも，長期間の別居で事実上の離婚状態にあった場合のように，**妻が夫によって懐胎することが不可能な事実があるときは，嫡出推定が及びません**（推定の及ばない子　最判昭44.5.29）。よって，設問②では，夫は父子関係を争うためには，嫡出否認の訴えではなく，親子関係不存在確認の訴えによらなければならないのです。

● 嫡出推定

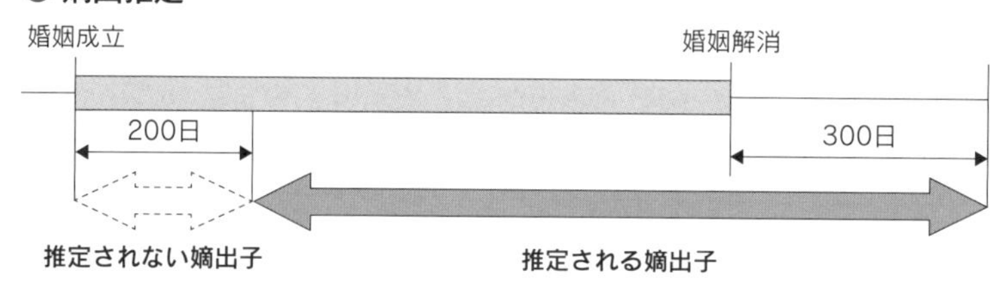

● 父子関係を否定又は決定する方法

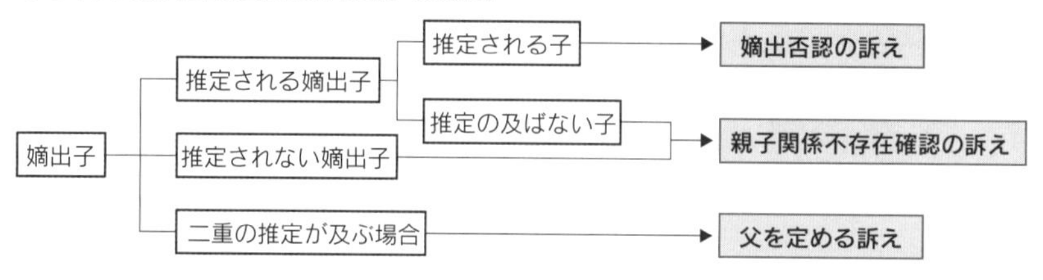

3 無効行為の転換

問題3

① **真実の親子関係がない親から嫡出子として出生の届出**がされている場合，その出生の届出は無効であるが，その子は，満15歳に達した後は，その**出生の届出を養子縁組の届出として追認**することができる。 ⇒×

② 父が，愛人との間の嫡出でない子について，正妻との間の嫡出子として届出をした場合，嫡出子の届出としては無効であるが，**認知としての効力が認められる。** ⇒○

自然血族と法定血族をまたぐ転換かどうかをチェック

思考プロセスと解説

設問①のように，**自然血族（出生届）と法定血族（養子縁組）をまたぐ無効行為の転換は認められません**。また，養子縁組は法定の届出によって効力を生ずるものであるため，嫡出子の出生届をもって養子縁組届とみなすことは許されません。

よって

当該出生の届出を養子縁組の届出として追認することはできません（最判昭25.12.28）。

一方

判例は，父が，愛人との間の嫡出でない子について，正妻との間の嫡出子として届出をした場合，嫡出子の届出としては無効であるが，認知としての効力が認められるとしています（大判大15.10.11）。この場合は，自然血族の中での転換であるからです。

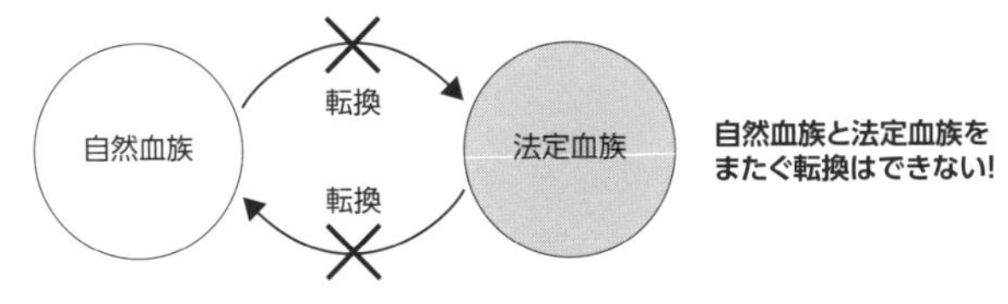

● 無効行為の転換のまとめ

事　例	結　論
非嫡出子の父がその子の出生届を出した場合	認知届としての効力が認められる（最判昭53.2.24）
非嫡出子についていったん他人夫婦の子として届け出た上，その他人夫婦の代諾によって自分の養子とした場合	・認知届としての効力を有しない ・養子縁組としても無効である（大判昭4.7.4）
他人間で出生した子を自分の子として届出をした場合	養子縁組としての効力も有しない（最判昭25.12.28）

チェックポイント

1 婚姻の解消と氏の変動

・婚姻の解消事由が離婚か死亡かをチェック

離婚の場合は当然に復氏する　cf. 死亡

2 嫡出子

・嫡出子の分類をチェック

推定される嫡出子の父子関係の否定は嫡出否認の訴えによる
cf. 推定の及ばない子，推定されない嫡出子

3 無効行為の転換

・自然血族と法定血族をまたぐ転換かどうかをチェック

自然血族（出生届）と法定血族（養子縁組）をまたぐ無効行為の転換は認められない

民　法　第７編

相続法

18 相続法

イントロダクション

相続人の判断は，不動産登記法の記述式を解く上でも重要となります。特に，養子が相続人となるかの判断は混乱しがちですので気をつけましょう。また，遺留分侵害額請求権では，対象となる贈与の範囲が混乱しやすいので，設問を通じて整理していきましょう。配偶者の居住に関する権利は，配偶者居住権と配偶者短期居住権を比較しながら学習すると効率的です。まずは基本的な事項を確実に押さえていきましょう。

1 相　続

問題 1

① Bは Aの養子であり，BがAより先に死亡した。Bの実子であるCが，ABの**養子縁組の前に出生**していた場合は，CはBを代襲してAの相続人となる。 ⇒✕

② Bは Aの養子であり，BがAより先に死亡した。Bの実子であるCが，ABの**養子縁組の後に出生**していた場合は，CはBを代襲してAの相続人となる。 ⇒〇

2択の決め手！ 出生が養子縁組“前”か“後”かをチェック

思考プロセスと解説

本設問は，養子の子の出生時期が養子縁組**前か後か**のどちらなのかの比較をしています。**ポイントは法定血族関係が生じている**かどうかです。

↓ そして

養子縁組**前**に出生した養子の子は，養親と法定血族関係が生じないため（大判

昭7.5.11），CはAの直系卑属に当たりません。よって，設問①では，CはBを代襲してAの相続人になることはできません。

一方

養子縁組**後**に出生した養子の子は，養子を通じて養親と法定血族関係が生じるため，設問②のCはAの直系卑属に当たります（大決大6.12.26）。よって，CはBを代襲してAの相続人になることができるのです。

2 遺産分割

問題2

① 遺産である特定の不動産についての**共有持分**を譲り受けた第三者が共有関係を解消しようとする場合において，他の共同相続人との間で協議が調わないときは，遺産の分割ではなく，共有物の分割を裁判所に請求する必要がある。 ⇒○

② 共同相続人の一人から遺産の分割前にその**相続分**を譲り受けた第三者が遺産である特定の不動産の共有関係を解消しようとする場合において，他の共同相続人との間で協議が調わないときは，遺産の分割ではなく，共有物の分割を裁判所に請求する必要がある。 ⇒×

2択の決め手！ 遺産共有か物権共有かをチェック

思考プロセスと解説

共有物の共有状態には，通常の共有状態である**物権共有**，遺産としての共有状態である**遺産共有**があります。当該**共有物が，遺産共有と物権共有のどちらなのかがポイント**になります。

設問①では

相続人の一人から**共有不動産の持分が第三者に譲渡された場合は，物権共有**となるため，その分割方法は**共有物分割**によります。よって，共有関係の解消のためにとるべき裁判手続は，遺産分割審判ではなく，共有物分割訴訟となります

(最判昭50.11.7)。

一方

相続人の一人から**相続分が第三者に譲渡された場合は**，**遺産共有**となるため，その分割方法は**遺産分割**によります。よって，設問②では，遺産を構成する不動産の共有関係の解消のためにとるべき裁判手続は，共有物分割訴訟ではなく，遺産分割審判となります（東京高決昭28.9.4)。

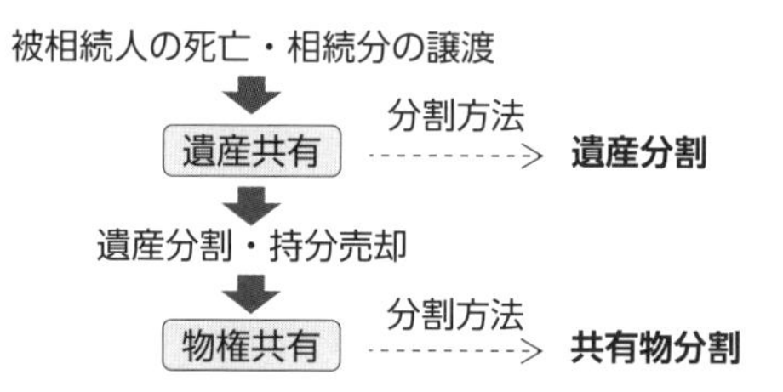

3 相続の承認又は放棄

問題3

① 相続人ＡＢＣのうち，自己のために相続が開始したのをＡが知ってから３か月が経過したとしても，ＢＣが**自己のために相続が開始したことを知らなければ**，ＢＣは相続放棄をすることができる。 ⇒〇

② 被相続人Ａが死亡し，相続人がＢのみであり，Ｂが**相続の承認も放棄もしないまま死亡**してしまい，Ｂの相続人がＣのみだった場合，Ａの相続についての熟慮期間は，Ｃが**自己のために相続の開始があったことを知った**時から起算する。 ⇒〇

自己のために相続があったことを知っているかをチェック

思考プロセスと解説

相続人は，自己のために相続の開始があったことを知った時から３か月以内に，相続の承認・放棄をしなければならないところ（915条１項本文)，熟慮期間

は統一して進行せず，**相続人ごとに進行**するとされています（最判昭51.7.1）。

よって

設問①の場合，Ａが自己のために相続が開始したことを知ったとしても，ＢＣの熟慮期間は進行しないため，ＢＣは自己のために相続が開始したことを知った時から３か月以内であれば，相続放棄をすることができます。

そして

設問②は数次相続があった場合の起算点の問題であるところ，熟慮期間の趣旨を考慮して，相続人が相続の承認又は放棄をしないで死亡したときは，その者の相続人が**自己のために相続の開始があったことを知った時から起算**することとされています（916条）。

なお

「その者の相続人が自己のために相続の開始があったことを知った時」とは，**死亡した者が承認又は放棄をしなかった相続における相続人としての地位を，自己が承継した事実を知った時**をいいます（最判令元.8.9）。

● 単純承認，限定承認及び放棄の比較

<table>
<tr><th></th><th>単純承認</th><th>限定承認</th><th>放　棄</th></tr>
<tr><td rowspan="2">要件</td><td colspan="3">①　相続人が自己のために相続の開始があったことを知った時から３か月以内にすること（915 Ⅰ本文）
cf.㋐　相続人が未成年者又は成年被後見人であるときは，その法定代理人が未成年者又は成年被後見人のために相続の開始があったことを知った時から起算する（917）
㋑　相続の承認及び放棄は，915条１項の熟慮期間内でも，撤回できない（919 Ⅰ）
㋒　上記期間は，利害関係人又は検察官の請求により，家庭裁判所において伸長が可能（915 Ⅰ但）</td></tr>
<tr><td>—</td><td>②　相続財産の目録を作成して，家庭裁判所に提出し，限定承認をする旨を申述すること（924）
③　相続人が数人あるときは，共同相続人全員が共同してすること（923）</td><td>②　相続開始後であること
③　家庭裁判所に申述し（938），これを受理する審判が確定すること
cf.相続財産目録の作成は不要</td></tr>
</table>

4 遺　言

問題4

① 遺言者が甲土地をAに遺贈した後に，これをBに生前贈与した場合には，その生前贈与が，**遺言者が遺言の内容を失念したためにされたとき**であっても，Aは，甲土地の所有権を取得しない。　⇒〇

② 遺言者が甲土地をAに遺贈した後に，**その遺言書を他の書類と誤認して焼損**した場合には，燃え残った部分があって当該遺言の内容が不明でないときであっても，Aは，甲土地の所有権を取得しない。

⇒✕

遺言の撤回擬制がされているかに着目

思考プロセスと解説

1023条2項では，遺言が遺言後の生前処分その他の法律行為と抵触するときは，その抵触する部分については，後の生前処分その他の法律行為で前の遺言を撤回したものとみなすと規定しています。この場合，撤回の意思がなく，たとえば前の遺言の内容を失念して行為をした場合であっても，撤回が擬制されます。

なぜなら

1023条2項は，**遺言者の最終の意思により近いものを優先する趣旨**の規定であるため，遺言者が遺言内容を失念していたか否かを問わないのです。したがって，設問①の場合，Bへの生前贈与によって，Aへの遺贈は撤回したものとみなされるため，Aは甲土地の所有権を取得しません。

一方

1024条前段は，遺言者が故意に遺言書を破棄したときは，その破棄した部分については，遺言を撤回したものとみなすと規定しています。これは，遺言者自ら故意に遺言書を破棄するのは，遺言の撤回の意思を有するものと**捉えられる**

という趣旨に基づく規定であることから，その破棄が故意によるものでなければ，当該規定の適用はありません。**遺言書を他の書類と誤認して焼損した場合には，「故意に遺言書を破棄した」とはいえない**のです。

よって

設問②の場合，燃え残った部分があって当該遺言の内容が不明でないときは，当該遺言は効力を失わず，Aは甲土地の所有権を取得することになります。

5 遺留分侵害額請求権

問題 5

① Aが相続開始の２年前にその**子B**に対して**生計の資本として金銭を贈与**した場合には，当該贈与は，遺留分侵害額請求の対象とならない。 ⇒×

② Aが相続開始の２年前に**相続人でないC**に対して土地を贈与した場合において，当該贈与の当時，遺留分権利者に損害を与えることをAは知っていたものの，**Cはこれを知らなかった**ときは，当該贈与は，遺留分侵害額請求の対象とならない。 ⇒○

2択の決め手！ 対象の贈与の範囲をチェック

思考プロセスと解説

贈与は，相続開始前の１年間にしたものに限り，遺留分を算定するための財産に算入するのが原則ですが（1044条１項前段），**相続人に対する贈与は，相続開始前の10年間**にされたものに限り，その価額（婚姻若しくは養子縁組のため又は生計の資本として受けた贈与の価額に限る）が，遺留分を算定するための財産の価額に算入されます（1044条３項）。

なぜなら

特別受益に関しても「相続開始前の１年間」にしたものに限るとすると，各相続人が被相続人から受けた財産の額に大きな格差がある場合にも，特別受益の時期によってこれを是正することができなくなってしまうからです。よって，設問①ではＡのＢに対する贈与は，遺留分侵害額請求の対象となります。

そして

先述したとおり，贈与は，相続開始前の１年間にしたものに限り，その価額が算入されますが（1044条１項前段），**当事者双方が遺留分権利者に損害を加えることを知って贈与をしたとき**は，**１年前の日より前にしたものについても，同様に算入**することになります（1044条１項後段）。

したがって

設問②では，当該贈与の当時，遺留分権利者に損害を加えることをＡは知っていたものの，Ｃはこれを知らなかったため，当該贈与は，遺留分侵害額請求の対象となりません。そもそも，遺留分侵害額請求の対象となる贈与の対象を相続開始前の１年間にしたものに限るとしているのは，法的安定性の要請によるものですが，当事者双方に損害を加えることを知ってされた贈与に関しては，**法的安定性の要請に乏しい**からです。

● 遺留分侵害額請求権

意　義		遺留分権利者及びその承継人は，被相続人から遺贈を受けた受遺者又は贈与を受けた受贈者に対し，遺留分侵害額に相当する金銭の支払を請求することができる*
対象の贈与の範囲	**対相続人以外**	相続開始前の１年間にしたものに限る ・当事者双方が遺留分権利者に損害を加えることを知っていたときは，１年前の日より前にしたものでも同様（1044 Ⅰ後段）
	対相続人	相続開始前の10年間にしたものに限る ・特別受益に当たるものに限られる ・1044条１項後段の適用あり
期間制限		①　相続の開始及び遺留分を侵害する贈与又は遺贈があったことを知った時から１年間 ②　相続開始の時から10年間

＊　裁判所は，受遺者又は受贈者の請求により，遺留分侵害額として負担する債務の支払につき相当の期限を許与することができる。

6 配偶者の居住の権利

問題 6

① **配偶者居住権**は，被相続人が相続開始の時に居住建物を当該配偶者以外の者と共有していた場合を除き，遺産分割，遺贈又は死因贈与により取得する。 ⇒○

② **配偶者短期居住権**について，当該配偶者は相続の開始により，当然に取得するが，当該配偶者が相続放棄をしたときは，はじめから相続人でなかったとみなされる以上，取得しない。 ⇒✕

2択の決め手！ 配偶者居住権か配偶者短期居住権かをチェック

思考プロセスと解説

配偶者居住権は，ある程度長期間居住を保護するものであるのに対して，配偶者短期居住権は，比較的短期に限り居住を保護するために定められたものです。

この制度趣旨から問題を解くようにしましょう。

そして

配偶者居住権は長期間の居住を保護するものであるため，相続開始によって，当然に配偶者居住権を取得すると解することはできず，遺産分割，遺贈又は死因贈与によって配偶者居住権を取得するに留まります（1028条1項柱書本文，同項各号）。

一方

被相続人の財産に属した建物に相続の開始時に**無償**で居住していた配偶者は，相続の開始により，**当然に配偶者短期居住権を取得**することになります。たとえ，配偶者が相続放棄をした場合であっても，配偶者は配偶者短期居住権を取得します（1037条1項柱書但参照）。

なお

配偶者が相続欠格又は廃除により相続権を失ったときは，配偶者は配偶者短期居住権を取得することができないので注意しましょう（1037条1項柱書但）。

● 配偶者短期居住権と配偶者居住権の比較

	配偶者短期居住権	配偶者居住権
成　立	相続開始により当然に成立	遺産分割，遺贈又は死因贈与
権利の譲渡	不　可	不　可
存続期間	短期の法定期間	終身又は定めた存続期間
居住建物を第三者に使用収益させること	所有者の承諾があれば第三者に**使用**させることは可	所有者の承諾があれば第三者に**使用又は収益**させることは可
登記の可否	不　可	可

チェックポイント

1 相　続

・出生が養子縁組“前”か“後”かをチェック

養子縁組前に出生した養子の子は，養親と法定血族関係が生じない

2 遺産分割

・遺産共有か物権共有かをチェック

遺産共有の解消手段は遺産分割となる　cf. 物権共有

3 相続の承認又は放棄

・自己のために相続があったことを知っているかをチェック

熟慮期間は相続人各人ごとに進行する

4 遺　言

・遺言の撤回擬制がされているかに着目

撤回の意思がなく，たとえば前の遺言の内容を失念して行為をした場合でも，撤回が擬制される

5 遺留分侵害額請求権

・対象の贈与の範囲をチェック

相続人に対する贈与は，相続開始前10年間にされたものも遺留分を算定するための財産の価額に算入される

6 配偶者の居住の権利

・配偶者居住権か配偶者短期居住権かをチェック

被相続人の財産に属した建物に相続の開始時に無償で居住していた配偶者は，相続の開始により，当然に配偶者短期居住権を取得する　cf. 配偶者居住権

不動産登記法

不動産登記法で得点が伸び悩む要因の一つとして，**知識の横断整理ができていない**ことが挙げられます。特に総論分野は，知識を横断的に問われる傾向が多いので，普段の学習で知識を比較整理することを心掛けましょう。各論では，**所有権**，**抵当権**，**根抵当権**の分野を中心に，記述式とリンクして学習することがポイントです。

特別講義配信

不動産登記法　第１編

不動産登記
各論

1　所有権保存登記

イントロダクション

所有権保存登記に関しては，74条にある申請適格者を正確に記憶した上で，1項の所有権保存登記について，先例を中心に個々の事例を丁寧に押さえていきましょう。学習する中で苦手意識をもちやすいのが74条2項（表題部所有者から区分建物の所有権を取得した者）です。ここでは，74条2項の設問を通じて，所有権保存登記を得点源にできるように知識をブラッシュアップしていきます。

1　所有権保存登記①

問題 1

①　**敷地権のない区分建物**の表題部所有者から所有権を取得した者が当該区分建物について所有権の保存の登記を申請するときは，**登記原因及びその日付**を申請情報として提供することを要しない。　⇒○

②　**敷地権のある区分建物**の表題部所有者から所有権を取得した者が当該区分建物について所有権の保存の登記を申請するときは，**登記原因及びその日付**を申請情報として提供することを要しない。　⇒×

区分建物に敷地権があるかをチェック

思考プロセスと解説

所有権保存登記とは，権利に関する登記として初めてされる所有権の登記をいい，権利変動を公示するものではありません。

そして

登記原因とは，名変登記の場合を除き，権利変動の原因事実を意味します。

よって

権利変動を公示するものではない所有権保存登記には，そもそも**登記原因は存在しない**ため，登記原因及びその日付を申請情報として提供する必要はないのです。

一方

敷地権付き区分建物について，74条２項に基づいて所有権保存登記を申請する場合は，申請情報の内容として「登記原因及びその日付」（59条3号）を，添付情報として「登記原因証明情報」（61条）を提供しなければなりません。

なぜなら

当該登記は，**敷地権については移転登記の実質を有している**ため，その権利を包含する表れとして**登記原因を記載する必要がある**からです。

● 所有権保存登記の申請情報・添付情報　　○：提供が必要　×：不要

	原　則	区分建物	
		敷地権なし	敷地権あり
登記原因及びその日付	×	×	○
登記原因証明情報			

2 所有権保存登記②

問題 2

① 敷地権付き区分建物の表題部所有者Ａが死亡した後，その相続人であるＢから当該区分建物を買ったＣは，**自己を所有権の登記名義人**とする所有権の保存の登記を申請することができる。 ⇒×

② 敷地権付き区分建物の表題部所有者Ａから当該区分建物を買い受けたＢが所有権の保存の登記を申請する前に死亡した場合，その唯一の相続人Ｃは，相続を証する情報を提供して，**自己を所有権の登記名義人**とする所有権の保存の登記を申請することができる。 ⇒×

表題部所有者から直接所有権を取得した者かをチェック

思考プロセスと解説

設問①，②ともに，74条2項に基づく所有権保存登記の申請適格を有するかが問題となりますが，74条2項に基づく所有権保存登記の申請適格者は，**表題部所有者から直接所有権を取得した者に限られます**。

よって

設問①のCは，74条2項に基づく所有権保存登記の申請をすることはできません（昭58主席登記官会同質疑）。

同様に

表題部所有者から所有権を取得した者の相続人は，74条2項に基づく所有権保存登記の申請適格を有しません。したがって，設問②のCも，74条2項に基づき，直接自己名義への所有権保存登記の申請をすることはできません。

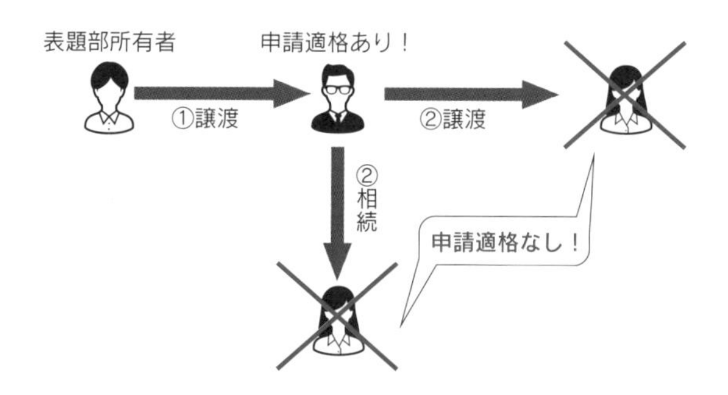

チェックポイント

1 所有権保存登記①

・区分建物に敷地権があるかをチェック

敷地権付き区分建物であれば,「登記原因及びその日付」の表示が必要

cf. 敷地権のない区分建物

2 所有権保存登記②

・表題部所有者から直接所有権を取得した者かをチェック

表題部所有者から直接所有権を取得した者のみ，74条2項に基づく所有権保存登記の申請適格あり

休息も試験勉強の一つ

試験勉強をしていると疲れます。

当然ですが，休んでいますか？　疲れている状態では，効率的に勉強することができません。

ここでいう**"休む"とは，勉強をせずにダラダラして一日を過ごすということではありません。意識して脳や体を休ませる**ことです。

具体的なアクションプランとして，疲れたときは昼寝を取り入れたり，深呼吸をしたりなど，まずは簡単なことから始めてみてはいかがでしょうか。

また，ウォーキングやストレッチなどの軽い運動を取り入れることもリフレッシュ効果が高くお勧めです。

日本人は，休むことに抵抗がある人も多いですが，**適度な休息は合格に必要不可欠**なものです。心身のバランスをとりながら，合格に向かって前進していきましょう。

2 相続に関する所有権移転登記

イントロダクション

相続に関する所有権移転登記は，択一式・記述式問題ともに最重要分野です。ここでは，相続分の譲渡や遺言の解釈などの考え方・解法手順をマスターしていきます。数次相続は，それぞれ申請をすることが原則であり，最終の相続人に直接相続登記ができるのは例外的であることを意識しましょう。各制度の内容を理解した上で，個々の事例を正確に読み取る必要があります。多少難解ですが実務上も役に立つ知識ばかりなので，気合いを入れて学習しましょう。

1 相続分の譲渡

問題 1

① 被相続人Aの共同相続人B，C及びDのうち，Dがその相続分を**Bに**譲渡した場合には，被相続人A名義の甲土地につき，B又はCが，Dの相続分が譲渡されたことを証する情報を提供して，B及びC名義とする相続を登記原因とする所有権の移転の登記を単独で申請することができる。 ⇒〇

② 被相続人Aの共同相続人B，C及びDのうち，C及びDがその相続分を**第三者Eに**譲渡した場合には，被相続人A名義の甲土地につき，B及びEは，C及びDの相続分が譲渡されたことを証する情報を提供して，B及びE名義とする相続を登記原因とする所有権の移転の登記を申請することができる。 ⇒✕

相続分の譲渡が誰にされているかチェック

思考プロセスと解説

まず，相続分の譲渡には遡及効があるかが問題となりますが，登記実務上，**相続分の譲渡には遡及効が認められています**。

よって

設問①の場合，相続開始時から相続分の譲渡人は相続人ではなかったものとして処理をするため，相続人はB及びCのみとなって，保存行為（民252条但）としてB又はCのいずれからも，相続を登記原因とする所有権移転登記を申請することができます。

一方

設問②の場合，相続人ではない第三者Eに対して相続分の譲渡がされているため，B及びE名義とする相続を登記原因とする所有権移転登記を申請することはできません。

なぜなら

相続人ではない者を登記名義人として，"相続"を登記原因とする登記をするべきではないからです。

● 相続分の譲渡まとめ

	同一順位の共同相続人間の相続分の譲渡	共同相続人以外の第三者への相続分の譲渡
共同相続登記なし	相続を原因とする所有権移転	①共同相続登記後 ②相続分の贈与　又は 相続分の売買を原因とする持分移転
共同相続登記あり	相続分の贈与　又は 相続分の売買を原因とする持分移転	相続分の贈与　又は 相続分の売買を原因とする持分移転

2 数次相続

問題 2

① 被相続人Aの共同相続人B及びCの死亡により，**DがBの相続人に，EがCの相続人となった場合**には，被相続人A名義の甲土地につき，**直接**，D及びE名義の相続を登記原因とする所有権の移転の登記を申請することができる。 ⇒✕

② 甲土地の所有権の登記名義人であるAに配偶者B及び子Cがおり，Aが死亡して相続が開始した。**BとCが遺産分割協議を行い，Bが甲土地を取得する旨の遺産分割協議書を作成した場合**において，この協議に基づく登記を申請する前にBが死亡し，Bの相続人がCのみであるときは，甲土地について**AからBへの所有権の移転の登記を経ることなく**，直接AからCへの相続を登記原因とする所有権の移転の登記を申請することができる。 ⇒○

2択の決め手！ 中間の相続が単独相続かチェック

思考プロセスと解説

数次相続とは，すでに開始した相続による所有権移転登記が未了の間に，その相続人の死亡等によりさらに相続が開始した場合をいいます。この場合，**中間の相続が単独相続である場合には，直接，最終の相続人名義の相続登記を申請することができる**とされています（明33.3.7民刑260号回答，昭30.12.16民甲2670号通達）。

よって

設問①の場合，中間の相続がBとCの共同相続なので，直接D及びE名義の相続登記を申請することはできません。まず，AからB及びCへ相続登記を経由して，その後に，B持分につきDへ，C持分につきEへ，それぞれ相続による持分移転登記を申請することになります。

一方

設問②の場合，BとCの遺産分割協議が行われたことによって，**中間相続が結**

果的にBの単独相続となっているので，直接AからCへの所有権移転登記を申請することができます。

3 遺言書の記載と登記原因

問題 3

① **相続人の全員ABCDに対し**，「遺言者は，**全財産を次の割合で遺贈する。** A6分の3，B6分の1，C6分の1，D6分の1」との遺言に基づき遺産に含まれる不動産の所有権の移転の登記を申請する際の登記原因は，相続である。 ⇒○

② Aには子B及びCが，Cには**子D**がいる。Aが公正証書による遺言をして死亡し，その遺言の内容が「**全財産をDに相続させる。**」であった場合には，Cが生存しているときであっても，Aの唯一の財産である不動産につき，AからDへの所有権の移転の登記を申請する際の登記原因は，相続である。 ⇒×

2択の決め手！ 遺言の記載が遺贈するか相続させるかをチェック

思考プロセスと解説

遺言書の記載は，使用されている文言のとおりに解釈することが原則です。

ただし

設問①の場合，被相続人が相続人全員に対し，**相続財産の全部を包括遺贈する旨の遺言の登記原因は“相続”**となります（昭38.11.20民甲3119号回答）。

なぜなら

相続人全員に対して，受遺者である相続人が受け取る分を割合で示している場合（包括遺贈），**結果的に「相続分の指定」をした場合と同視**されるからです。

一方

設問②の場合，**相続人でない者に対する「相続させる」旨の遺言**は，相続とはいえず，**登記原因は“遺贈”となります**。

したがって

被相続人の子Cが生存しているものの，遺言書に相続人でない孫Dに「財産を相続させる。」と記載されている場合，これに基づく所有権移転の登記原因は**遺贈**となります（登記研究480号）。

● **遺言書の解釈**

		受遺者		
		相続人全員	相続人の一部	相続人以外の者
遺贈する	包括	相続*1	遺贈	遺贈
	特定	遺贈	遺贈	遺贈
相続させる*3		相続	相続	**遺贈***2

＊1　結果的に，相続分の指定をした場合と同じだから。
＊2　相続人ではない者を登記名義人とする，“相続”を登記原因とする登記は認められないから。
＊3　配偶者に配偶者居住権を取得させ，子などの法定相続人に居住建物を相続させる旨の遺言書がある場合，遺言書の全体の記載からこれを遺贈の趣旨と解することに特段の疑義が生じない限り，居住建物の所有権の帰属に関する部分についても遺贈（負担付遺贈）の趣旨であると解して，遺贈を登記原因とする所有権移転登記を申請する（令2.3.30民二324号通達）。

4 農地法の許可と相続

問題4

① 農地である甲土地の所有権の登記名義人Aが，甲土地をBに売り渡し，**農地法所定の許可を受けた**が，その旨の登記を申請する前にAが死亡した場合において，Bへの所有権の移転の登記を申請する前提として，**Aの相続人Cへの相続の登記**を経由することを要しない。

⇒○

② 農地である甲土地の所有権の登記名義人Aが，甲土地をBに売り渡した後，**農地法の許可を受ける前に死亡**した場合において，Bへの所有権の移転の登記を申請する前提として，**Aの相続人Cへの相続の登記**を経由することを要しない。

⇒×

農地法の許可到達が売主の死亡前か後かをチェック

思考プロセスと解説

農地法の許可は，物権変動の効力発生要件であるため，農地法の許可がなければその農地に関する物権変動は生じません。

そして

農地の売買において，農地法所定の許可を受けた後に売主が死亡した場合，すでに売買の効力は生じており，**買主に所有権は移転している**ため，相続人への相続登記を経由する必要はなく，売主の相続人は，買主に所有権移転登記をする義務を負うにすぎません。

よって

設問①では，Ｂへの所有権移転登記の前提として，Ｃへの相続登記を経由することを要しません。

一方

農地について売買を登記原因とする所有権移転登記を申請する場合において，売主の死亡後に農地法所定の許可があったときは，前提として売主の相続登記を申請しなければなりません（昭40.3.30民三309号回答）。

なぜなら

設問②では，権利変動が，Ａ→Ｃ，Ｃ→Ｂと生じているため，Ｃへの相続登記を申請しなければ，**中間省略登記になってしまう**からです。

● 農地法所定の許可と相続

事　例	農地法所定の許可の到達	申請する登記	申請人の表記
【買主死亡】 売主 A ①売買 → 買主B ②相続 相続人C	買主(B)の死亡前	① A→Bへ 売買 ② B→Cへ 相続	① 権利者　亡B 上記相続人C 義務者　A ②(被相続人B) 相続人　C
	買主の死亡後	登記不可*	—
【売主死亡】 売主 A ①売買 → 買主B ②相続 相続人C	売主(A)の死亡前	A→Bへ 売買	権利者　B 義務者　亡A相続人　C
	売主の死亡後	① A→Cへ 相続 ② C→Bへ 売買	①(被相続人A) 相続人　C ② 権利者　B 義務者　C

＊　許可到達時に買主が死亡していた場合，許可は効力を生じない。この場合において，買主の相続人が所有権移転登記を申請するときは，売主と相続人とであらためて売買契約を締結し，当該相続人宛ての許可を得なければならない(昭51. 8. 3民三4443号回答，登記研究428号)。

チェックポイント

1 相続分の譲渡

・相続分の譲渡が誰にされているかチェック

相続人でない者が相続分の譲渡を受けても，この者に対する相続登記はできない

2 数次相続

・中間の相続が単独相続かチェック

中間の相続が単独相続ならば，直接，最終の相続人名義の相続登記を申請することができる

3 遺言書の記載と登記原因

・遺言の記載が遺贈するか相続させるかをチェック

被相続人が相続人全員に対し，相続財産の全部を包括遺贈する旨の遺言の登記原因は「相続」となる

4 農地法の許可と相続

・農地法の許可到達が売主の死亡前か後かをチェック

売主の死亡後に農地法所定の許可があったときは，前提として売主の相続登記を申請しなければならない

3 特定承継による所有権移転登記

イントロダクション

特定承継による所有権移転の登記のうち，時効取得については，物権変動の過程がどのようになっているのかに着目することがポイントです。共有不動産の登記については，共有持分上に第三者の権利に関する登記があるかを必ずチェックする癖をつけましょう。一の申請情報で申請できるか否かは，記述式でも申請件数に関わる重要な論点となります。

1 時効取得と登記

問題1

① Aを所有権の登記名義人とする不動産について，**占有者Bの時効が完成した後，時効を援用する前にBが死亡**した場合において，その唯一の相続人Cが時効を援用した場合には，時効取得を登記原因とする**AからCへの**所有権の移転の登記を申請することができる。 ⇒○

② Aを所有権の登記名義人とする不動産につき，占有者Bの時効が完成した場合において，**Bの占有開始前に所有権の登記名義人Aが死亡**していた場合には，時効取得を登記原因とするBへの所有権の移転の登記の前提として，Aから相続人Cへの相続を登記原因とする所有権の移転の登記を申請しなければならない。 ⇒○

物権変動の過程をチェック

思考プロセスと解説

設問①について，占有者の時効が完成した後，時効を援用する前に当該占有者が死亡した場合，当該占有者の相続人は自己の相続分の限度で時効を援用することができます（最判平13.7.10）。

なぜなら

占有は相続により承継されるとするのが判例の立場であり，Ｂが時効を援用しなかった場合には，Ｂが所有権を時効取得することなく，**相続人Ｃは自己がＢの占有開始当初より占有を継続していた**ものとして時効を援用することができるからです。すなわち，生じた物権変動は**Ａ→Ｃ**のみということになります。

一方

設問②では，時効の起算日前に所有権の登記名義人Ａが死亡しているので，**物権変動がＡ→Ｃ→Ｂへと生じています**。よって，まずＡ→Ｃの相続登記の申請をする必要があります。

● **設問①**

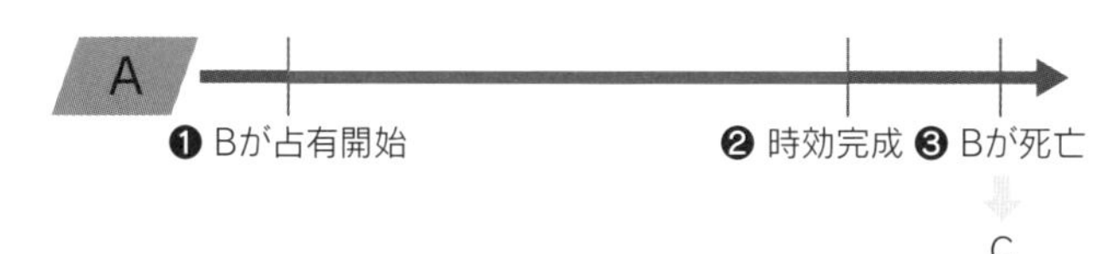

● **設問②**

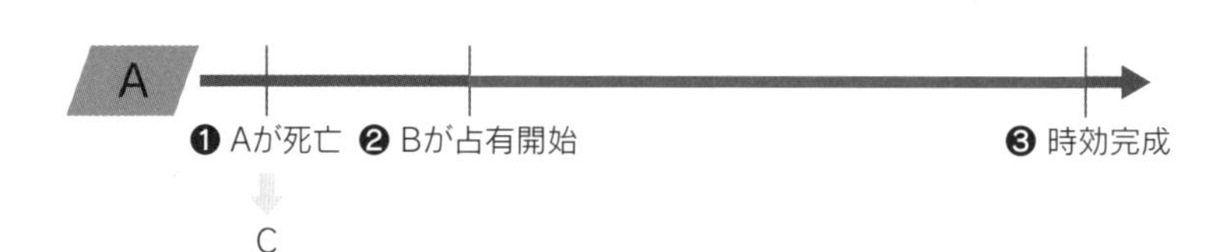

2 所有権移転と共有物分割禁止の定めの登記

問題 2

① Ａを所有権の登記名義人とする不動産について，その所有権の一部をＢ及びＣへと移転する**所有権の一部移転の登記**を申請するときは，当該登記と**一の申請情報により**，共有物分割禁止の定めの登記を申請することができる。 ⇒**○**

② A名義の甲土地を**B及びCが持分各2分の1の割合で買い受け**，これと同時にBとCとの間で5年間の共有物分割禁止の特約をした場合，甲土地について申請する所有権の移転の登記と一の申請情報により，共有物分割禁止の定めの登記を申請することができる。 ⇒✕

2択の決め手！ 所有権の移転が全部か一部かをチェック

思考プロセスと解説

設問①のように，**所有権一部移転**の登記を申請する場合において，特約として共有物分割禁止の定めがあるときは，当該所有権一部移転の登記と共有物分割禁止の定めの登記は，**一の申請情報によって申請することができます**（令3条11号二，昭50.1.10民三16号通達参照）。

一方，設問②のように

所有権移転登記を申請する場合において，特約として共有物分割禁止の定めがあるときは，当該所有権移転の登記と共有物分割禁止の定めの登記は，**一の申請情報によって申請することができません**（昭49.12.27民三6686号回答参照）。

● 一申請情報申請の可否

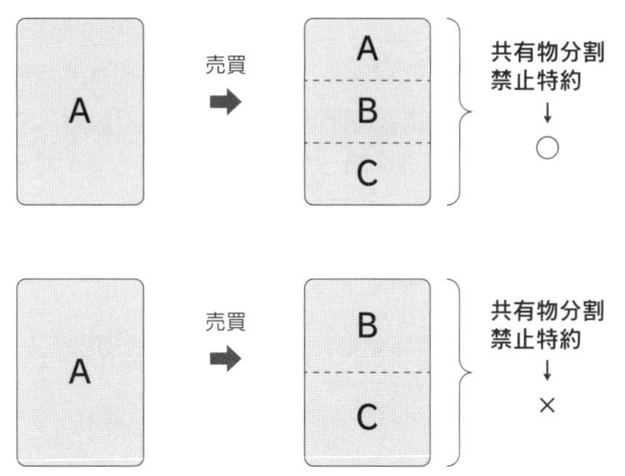

3 共有不動産の登記

問題 3

① **A及びB共有の不動産**について，共有不動産の処分として第三者Cの単独所有とする所有権の移転の登記は，一の申請情報により，登記を申請することができない。

⇒✕

② **A及びB共有の不動産**について，**Aの持分を目的として抵当権が設定**されている場合において，A及びBがCに各持分の全部を譲渡したときは，一の申請情報により，登記を申請することができない。

⇒○

共有持分上に第三者の権利に関する登記があるかチェック

思考プロセスと解説

共有名義の不動産を第三者の単有名義とする所有権移転登記は，登記の目的を**共有者全員持分全部移転**として一の申請情報によって申請することができます（昭35.5.18民甲1186号回答）。よって，設問①では一の申請情報により，登記を申請することができます。

一方

設問②では，**共有持分上に第三者の権利に関する登記がされている**ため，原則として，別個の申請により各別の登記を申請しなければなりません（昭37.1.23民甲112号通達）。

なぜなら

一の申請情報による登記申請を許容すると，抵当権の目的となっている持分が，登記記録上，不明になってしまうからです。

【誤】 A持分にのみ抵当権が設定されている場合

甲区	2	所有権移転	共有者 持分2分の1 X 2分の1 B
	3	X持分全部移転	共有者 持分2分の1 A
	4	共有者全員持分全部移転	原因 年月日売買 所有者 C

← A持分抵当権設定

← 抵当権の目的となっている部分が不明！

【正】

甲区	2	所有権移転	共有者 持分2分の1 X 2分の1 B
	3	X持分全部移転	共有者 持分2分の1 A
	4	B持分全部移転	共有者 持分2分の1 C
	5	A持分全部移転	共有者 持分2分の1 C

← A持分抵当権設定

← 抵当権の目的となっている部分！

チェックポイント

1 時効取得と登記

・物権変動の過程をチェック

占有開始前に所有権登記名義人が死亡している場合は，相続登記が必要

2 所有権移転と共有物分割禁止の定めの登記

・所有権の移転が全部か一部かをチェック

所有権一部移転の場合は一申請情報申請が可能

3 共有不動産の登記

・共有持分上に第三者の権利に関する登記があるかチェック

ある場合は一申請情報申請によって共有者全員持分全部移転の登記をすることはできない

4 所有権変更・更正・抹消登記，買戻特約の登記

イントロダクション

ここでは，所有権の変更・更正・抹消の登記を取り扱っていきます。所有権更正登記に関しては，更正の前後の同一性の判断と，申請人の分配に着目することが重要です。特に前登記名義人が申請人となるのかどうかがポイントです。また，当該分野は，登記上の利害関係を有する第三者に該当するかの判断が重要となりますので，設問を通してパターンをつかんでおきましょう。買戻特約登記では，所有権を目的とする買戻権を行使した場合における登記の抹消の処理を，設問を通して整理していきましょう。

1 登記原因の更正の登記

問題 1

① 登記原因を**信託**として委託者Ａから受託者Ｂへの所有権の移転の登記がされている場合に，登記原因を**売買**とする更正の登記の申請をすることができる。 ⇒×

② ＡからＢに対する**遺贈**を登記原因とする所有権の移転の登記がされている場合に，登記原因を**相続**とする更正の登記を申請することができる。 ⇒○

2択の決め手！ 更正前後で同一性があるかチェック

思考プロセスと解説

信託を登記原因として所有権移転登記がされている不動産につき，**登記原因**を**信託**から**売買**とする**更正の登記**を申請することは**できません**（登記研究483号）。

一方

遺贈を原因として所有権移転登記がされている不動産につき，**登記原因**を**遺贈**から**相続**とする**更正の登記**を申請することは**できます**（昭41.6.24民甲1792号回答）。

なぜなら

信託による所有権移転登記は，所有権移転登記でありながら実質的に所有権が移転していない，という性質があり，売買による所有権移転登記と同一性はありませんが，**遺贈**と**相続**では，**どちらも被相続人の死亡による物権変動**であり，**同一性がある**ためです。

● **登記原因の更正の可否**　　○：できる　×：できない

売買→贈与	遺贈→相続	信託→売買	売買→共有物分割
○	○	×	×*

＊「共有物分割」は共有状態を前提としており，売買と同一性がないため。

2 更正登記の申請人

問題2

① A及びBの共有名義の不動産が，実体上は前登記名義人のXからAが単独で譲り受けたものである場合には，Aを登記権利者，**Bを登記義務者**として，Aを所有権の登記名義人とする所有権の更正の登記を申請することができる。 ⇒**×**

② Aが死亡し，Aを所有権の登記名義人とする不動産について，Aの法定相続人である3人の子B，C及びDを登記名義人とする相続を登記原因とする所有権の移転の登記がされた後，当該不動産をCに相続させる旨のAの遺言が発見された場合には，Cを登記権利者，**B及びDを登記義務者**として，Cを所有権の登記名義人とする所有権の更正の登記を申請することができる。 ⇒**○**

2択の決め手！　前所有者が登記義務者となるかチェック

思考プロセスと解説

所有権移転登記の更正において，前登記名義人が，登記義務者となるか問題となりますが，この点，前の登記名義人には，正しい登記を申請する義務が残存していると考えます。よって，設問①では，持分を失うＢのほか，**前登記名義人Ｘも登記義務者**となります（昭36.10.14民甲2604号回答）。

一方

Ｃが単独で相続したにもかかわらず，誤ってＢＣＤを登記名義人とする相続登記がされた場合にする所有権更正登記は，Ｃが登記権利者，ＢＤが登記義務者となって申請することになります（60条）。前所有権登記名義人であるＡは死亡している以上，登記義務者とはなりません。

● **更正登記における申請人の分配***

登記権利者	更正後新たに共有者に加わる者，共有持分が増加する者又は単有名義人となる者	
登記義務者	原 則	・更正後共有者でなくなる者又は持分が減少する者 ・前登記名義人
	例 外	①所有権保存登記，②相続登記，③持分のみの更正登記の場合には前登記名義人は登記義務者とならない

＊　持分が変動しない共有者は申請人とならない。

3 所有権更正登記における登記上の利害関係を有する第三者

問題３

①　Ａ及びＢが所有権の登記名義人となっている不動産について，Ｃのために抵当権の設定の登記がされた後，**Ａの単独所有**とする所有権の更正の登記を申請する場合には，Ｃの承諾を証する情報又はＣに対抗することができる裁判があったことを証する情報を提供することを要しない。
⇒✕

②　甲土地について，Ａの持分を３分の２，Ｂの持分を３分の１とする所有権の移転の登記がされた後，Ａ及びＢの各持分を目的としてＣを抵当権者とする抵当権の設定の登記がされている場合において，**Ａの**

持分を４分の１，Ｂの持分を４分の３とする当該所有権の更正の登記の申請をするときは，Ｃの承諾を証する情報又はＣに対抗することができる裁判があったことを証する情報を提供しなければならない。

⇒✕

思考プロセスと解説

抵当権の目的不動産の共有名義から単有名義への更正登記において，抵当権の登記名義人は登記上の利害関係を有する第三者となるかが問題となるところ，所有権更正登記に伴って，Ｃの抵当権は，**登記官の職権により**，不動産全体を目的とするものから，**当初のＡ持分を目的とするものへと更正**されることになります。

よって

設問①において，**Ｃの抵当権は実質的には一部抹消**されるため，Ｃは登記上の利害関係を有する第三者となります。

一方

設問②について，甲土地のＡ及びＢの各持分を目的とする抵当権を有するＣは，ＡＢ間の持分のみにつき更正登記がされても何ら影響を受けないため，登記上の利害関係を有する第三者に該当しません（昭47.5.2民甲1765号回答）。

● 所有権更正登記における登記上の利害関係を有する第三者

○：登記上の利害関係を有する第三者となる
×：登記上の利害関係を有する第三者とならない

事　例	担保権者＊1	用益権者
Ａ単有　→　ＡＢ共有	○	○＊2
ＡＢの共有持分のみの更正	×	×

＊1　所有権全体に担保権を設定しているものとする。
＊2　地上権等の用益権は所有権の共有持分を目的として存続することができないため，職権抹消される。

4 所有権抹消登記

問題 4

① 所有権の保存の登記の抹消を申請する場合に，当該所有権の保存の登記がされた後，**抵当権の設定の登記**がされているときの当該抵当権の登記名義人は，登記上の利害関係人を有する第三者に該当する。

⇒○

② 所有権の移転の登記の抹消登記を申請する場合，当該所有権の移転の登記より前に設定された根抵当権につき**所有権の移転の登記の後に極度額の増額による根抵当権の変更の登記がされていた**ときは，当該根抵当権の登記名義人は登記上の利害関係を有する第三者に該当する。

⇒○

存続基盤に依存しているかチェック

思考プロセスと解説

設問①では，抵当権の登記は，**抹消される所有権の登記に依存**しているため，当該抵当権者は登記上の利害関係人に該当します。この場合，職権抹消される権利の登記名義人の利益保護は，承諾証明情報の提供という形で登記に関与する方法で行われます。

そして

所有権移転の登記前に登記された根抵当権について，**所有権移転後に当該根抵当権の極度額増額の変更登記**がされている場合において，**所有権移転登記を抹消**するときは，当該根抵当権登記名義人は登記上の利害関係を有する第三者に該当するため，その者の承諾証明情報を提供する必要があります（昭39. 8.12民甲2789号回答）。

なぜなら

極度額増額による根抵当権変更の登記は，根抵当権の新規設定の登記と同視されるところ，当該所有権移転の登記を抹消すると，極度額増額による根抵当権変更の登記（≒根抵当権の新規設定の登記）は職権抹消されることになり，不利益を被ることになるからです。

● 設問①

甲 区	乙 区
① 所有権保存 A	
	① 抵当権設定 B

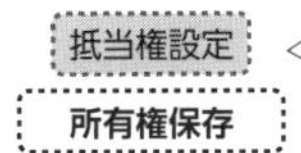

Bの抵当権設定登記の土台はAの所有権の登記→Aの所有権の抹消に伴い**Bの抵当権設定登記も職権抹消**

● 設問②

甲 区	乙 区
① 所有権保存 A	
② 所有権移転 B	
	① 根抵当権設定 C

≒

甲 区	乙 区
① 所有権保存 A	
	① 根抵当権設定 C
② 所有権移転 B	
	付１ 根抵当権変更（極度額増額）

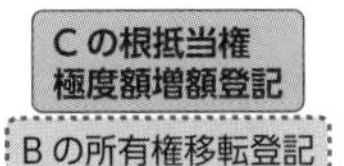

所有権移転登記が抹消されると極度額増額登記（≒根抵当権設定登記）は存続基盤を失う

5 買戻特約の登記

問題 5

① **買戻権の行使による所有権の移転の登記**を申請する場合，**買戻特約の登記は，登記官の職権**により抹消される。 ⇒○

② 買戻権の行使による所有権の移転の登記がされた場合には，**当該買戻特約の登記の後にされた抵当権の設定の登記は，登記官の職権**により抹消される。 ⇒×

2択の決め手！ 買戻権の行使により職権抹消される対象かチェック

思考プロセスと解説

設問①では，買戻権の行使による所有権移転登記がされたことにより，**行使によって買戻権が消滅したことが登記記録上明らか**であるため，買戻特約の登記は職権で抹消されます。

一方

買戻特約の登記の後に目的不動産にされた抵当権設定登記は買戻権者に対抗できず，買戻権が行使されるところ（民581条1項参照），この買戻特約に後れる登記は，登記官の職権により抹消されず，**共同申請（権利者：買戻権者，義務者：抵当権者）により抹消**することになります（登記研究228号参照）。

よって

設問②の場合には，当事者の申請により，買戻特約登記の後にされた抵当権設定登記を抹消することになります。

● 所有権を目的とする買戻権を行使した場合の登記の処理

		登記の種類	申請又は職権	登記原因
買戻しの対象となる所有権に関する登記		移　転	共同申請	年　月　日 買戻
①	買戻特約の登記	抹　消	登記官の職権	—
②	買戻権を目的とする権利の登記*	抹　消	登記官の職権	—
③	所有権を目的として設定された買戻権に後れる権利の登記	抹　消	共同申請	年　月　日 買戻権行使による所有権移転

＊　買戻権を目的とする権利（e. g．質権者）の登記名義人は，買戻権の行使の際の登記の登記上の利害関係を有する第三者に該当する。したがって，この場合には，当該第三者の承諾を証する当該第三者が作成した情報又は当該第三者に対抗することができる裁判があったことを証する情報を提供する（68条，令別表26添へ）。

チェックポイント

1 登記原因の更正の登記

・更正前後で同一性があるかチェック

同一性がない場合は登記原因の更正はできない

2 更正登記の申請人

・前所有者が登記義務者となるかチェック

相続登記の更正登記は，前所有権登記名義人は登記義務者とならない

3 所有権更正登記における登記上の利害関係を有する第三者

・更正により抵当権者が不利益を被るかチェック

所有権全体に抵当権を設定している場合，持分のみの更正をしても抵当権者は利害関係人に該当しない

4 所有権抹消登記

・存続基盤に依存しているかチェック

存続基盤に依存している者は，抹消された際の登記上の利害関係を有する第三者に該当する

5 買戻特約の登記

・買戻権の行使により職権抹消される対象かチェック

買戻権の行使による所有権移転登記を申請する場合，買戻特約の登記は，登記官の職権により抹消される　cf.買戻特約の登記の後にされた抵当権設定登記

5 抵当権の登記

イントロダクション

ここでは，抵当権の登記で混乱しがちな知識を取り扱っていきます。特に抵当権の抹消では，当事者に相続等があった場合は，抵当権の消滅事由と相続等の発生の順序によって，登記手続及び登記の申請件数が異なります。申請件数も違いがでるため，記述式においても重要になります。しっかりとパターン別に押さえていきましょう。

1 抵当権設定登記

問題 1

① 金銭消費貸借上の債務について，債務の弁済方法を変更するとともに，新たに抵当権を設定する旨の契約が締結された場合は，**債務弁済契約**を原因として抵当権の設定の登記を申請することができる。

⇒✕

② 債務承認契約が締結された場合において，当該契約の内容が残存債務を確定させ，新たに遅延損害金の約定をする準消費貸借契約であるときは，**債務承認契約を原因として抵当権の設定の登記**を申請することができる。

⇒○

原因となる契約をチェック

思考プロセスと解説

設問①の金銭消費貸借上の債務について，「　年　月　日**債務弁済契約**　年　月　日設定」を登記原因として，抵当権設定の登記を申請することはできません（昭40.4.14民甲851号回答）。

なぜなら

債務弁済契約は，基本たる金銭消費貸借について，**債務の弁済方法を定めたもの**にすぎず，原契約である金銭消費貸借契約から独立した新たな債権契約であると判断することができないからです。

一方

設問②の「　年　月　日**債務承認契約**　年　月　日設定」を登記原因として，抵当権設定登記を申請することはできます（昭58.7.6民三3810号通達）。

なぜなら

債務承認契約は，残存債務額を確定させ，新たに遅延損害金の約定をする等，**準消費貸借に類似した契約を締結したもの**とみるべき場合もあり，このようなときには，当該債務承認契約によって原契約上の債権とは別個の新たな債権が生じたものと考えられるからです。

● **抵当権設定登記の可否**　　○：できる　×：できない

債務弁済契約	債務承認契約
×	○

2 抵当権抹消登記

問題 2

① 債務の**弁済**により**抵当権が消滅した後，抵当権の設定の登記が抹消されない間に抵当権者Aが死亡した場合**において，当該抵当権の設定の登記の抹消を申請するときは，その前提としてAの相続人への抵当権の移転の登記を申請しなければならない。　⇒×

② **抵当権の設定者である所有権の登記名義人Aが死亡した後に債務の弁済により当該抵当権が消滅した場合**において，当該抵当権の設定の登記の抹消を申請するときは，その前提としてAの相続人への所有権の移転の登記を申請しなければならない。　⇒○

弁済と相続（合併）のどちらが先かチェック

思考プロセスと解説

設問①の場合，**抵当権は被相続人のもとで消滅**しています。よって，相続による抵当権移転登記を申請することなく，直接抵当権設定登記の抹消を申請することができます。

なお

この場合，登記義務者側の一般承継人による登記（62条）に当たり，抵当権者の相続人全員と抵当権の設定者の共同申請によらなければなりません。

一方

設問②の場合，**抵当権の設定者が死亡した後に抵当権が消滅**しているため，目的不動産に付着していた抵当権は，**相続人のもとで消滅した**ことになります。

よって

抵当権設定登記の抹消の前提として，所有権の登記名義人であるAの相続人への所有権移転登記を申請しなければなりません。

チェックポイント

1 抵当権設定登記

・原因となる契約をチェック

債務弁済契約に基づいて抵当権の設定は不可　cf.債務承認契約

2 抵当権抹消登記

・弁済と相続（合併）のどちらが先かチェック

弁済によって抵当権が消滅した後に，抵当権者が死亡した場合は，
抵当権移転登記は不要

6 根抵当権に関する登記

イントロダクション

ここでは，根抵当権で特に知識が混乱しやすい箇所について設問を通じて整理していきます。特に根抵当権の元本確定に関する問題は記述式でも答案の骨格になりますので，確実に判断できるようにしておきましょう。

また，根抵当権の処分に関する問題では，“誰が申請人となり，誰の同意又は承諾を要するのか”を混同しないように知識を整理していきましょう。

1 根抵当権設定登記

問題 1

① 甲土地**及び**乙土地について共同担保として根抵当権の設定の登記をした後，**甲土地のみ**についての追加担保として，丙土地についての共同根抵当権の設定の登記をすることはできない。 ⇒○

② 甲土地及び乙土地を目的として，同一の債権を担保するため**累積的に根抵当権の設定の登記がされている**場合，甲土地及び乙土地についての**追加担保**としてされる丙土地を目的とする根抵当権の設定の登記を申請することにより，これら**3つの不動産を共同担保**とすることはできない。 ⇒○

2択の決め手！ 共同根抵当権の追加設定ができる場面かチェック

思考プロセスと解説

設問①の場合に，丙土地を甲土地又は乙土地のみの追加担保とする共同根抵当権設定登記を申請することはできません（昭46.10.4民甲3230号通達）。

なぜなら

甲土地―乙土地は共同担保関係にあるが，甲土地―丙土地又は乙土地―丙土地は共同担保関係にないという**複雑な法律関係を回避**するためです。

また

設問②の場合に，甲土地及び乙土地についての追加担保として丙土地につき共同根抵当権設定登記を申請することもできません（昭46.10.4民甲3230号通達）。

なぜなら

もともと甲土地と乙土地は共同担保関係になかったため，丙土地の追加設定をしても，「甲土地―乙土地」で共同担保関係とはならないからです。

● **共同根抵当権の追加設定の可否に関するまとめ**

甲・乙物件に共同根抵当権設定登記がされている場合に，丙物件を甲物件又は乙物件のみの追加担保とする共同根抵当権設定登記を申請すること（昭46.10.4民甲3230号通達）	不　可
甲・乙物件に根抵当権設定登記がされているが，共同担保である旨の登記がない場合に，甲・乙両物件の追加担保として丙物件の根抵当権設定登記を申請すること（昭46.10.4民甲3230号通達）	不　可
元本が確定した根抵当権について追加設定契約による共同根抵当権設定登記を申請すること（昭46.10.4民甲3230号通達）	不　可

2 元本確定前の根抵当権の処分の登記

問題2

① 元本確定前のA及びBを根抵当権者とする共有根抵当権について，Aが，Cに対して，**権利の全部譲渡**をした場合における，根抵当権の共有権の移転の登記の申請においては，根抵当権の設定者の承諾を証する情報に加えて，Bの同意を証する情報を提供しなければならない。 ⇒O

② 根抵当権の準共有者の一人がその権利を放棄した場合において，**放棄**を登記原因とする他の準共有者への権利の移転の登記を申請するときは，当該根抵当権の設定者の承諾を証する情報を提供しなければならない。 ⇒×

権利の全部譲渡か放棄かをチェック

思考プロセスと解説

設問①のように，根抵当権の準共有者の権利の譲渡による移転の登記を申請する場合，承諾証明情報として，設定者の承諾を証する情報を提供します（令7条1項5号ハ）。また，同意証明情報として，他の共有者の同意を証する情報も提供します（令7条1項5号ハ）。

なぜなら

共有者の権利が移転することは根抵当権者が変わることを意味し，**新たな共有者（根抵当権者）のもとで発生する債権が担保される**ことにより，設定者及び他の共有者に不利益を及ぼすおそれがあるからです。

一方

設問②のように，根抵当権の準共有者の一人がその権利を放棄した場合において，他の準共有者への権利の移転の登記を申請するには，根抵当権設定者の承諾を証する情報を提供することを要しません（登記研究490号）。

なぜなら

準共有者の権利の放棄があった場合，放棄した準共有者の権利は，他の準共有者に帰属するのであって，**新たな根抵当権者が出現するわけではない**からです。担保される他人の債権が増えるわけではないので，設定者や他の準共有者が不利益を受けることはないと考えられていることによります。

● 根抵当権の処分の比較

○：必要　×：不要

		全部譲渡	一部譲渡	分割譲渡	準共有者の権利譲渡
同意承諾	設定者	○	○	○	○*
	利害関係人	×	×	○	×
	他の準共有者				○*

＊　放棄の場合は不要。

3 元本確定登記

問題3

① **根抵当権の一部譲渡を受けた者を債権者とする差押えの登記がされている場合は，根抵当権の元本の確定登記がされていなくても，**債権譲渡を原因とする第三者への根抵当権の移転の登記を申請することができる。 ⇒○

② **根抵当権の転抵当の設定を受けた者を債権者とする差押えの登記**がされている場合は，**根抵当権の元本確定の登記がされていなくても，**債権譲渡を原因とする第三者への根抵当権の移転の登記を申請することができる。 ⇒×

2択の決め手！
①どの元本確定事由に当たるかチェック
②元本確定登記が必要かチェック

思考プロセスと解説

共有根抵当権においては，根抵当権者の一人について元本確定事由が生じても元本は確定しないのが原則です。

しかし

根抵当権の一部譲渡を受けた者が債権者として差押えをしている場合は，競売による換価をせざるを得ないため，上記の例外として根抵当権の元本は確定します。そして，これは**民法398条の20第1項1号（根抵当権者による競売）に規定する根抵当権の元本確定事由に該当**します（平9.7.31民三1301号回答）。

この場合

根抵当権者自身による差押えであるため，元本が確定していることが登記記録上明らかな場合に当たります。よって，設問①の場合，元本確定登記がされていなくても，元本確定後においてのみ可能である債権譲渡を登記原因とする根抵当権移転登記を申請することができます（平9.7.31民三1301号回答）。

一方

設問②においては，根抵当権の転抵当権者が債権者として差押えをしています。根抵当権の転（根）抵当権者がした，根抵当権の目的不動産についての競売の申立ては，民法398条の20第1項1号（根抵当権者による競売）ではなく，**3号（第三者による競売）の元本の確定事由に該当**します（平9.7.31民三1301号回答）。

なぜなら

転（根）抵当権者による競売の申立ては，原根抵当権者の意思とは全く関係なく行われるため，**根抵当権者自身に取引を終了させる意思があるとは考えられず**，第三者による競売と考えるのが妥当とされているからです。

この場合

元本が確定していることが登記記録上明らかな場合には当たりません。よって，債権譲渡を登記原因とする根抵当権移転登記を申請するには，その前提として，元本確定登記を申請する必要があります。

● 元本確定事由等（民法398条の6，8，9，10，19，20）　○：必要　×：不要

	確定事由	確定時点	確定登記
①	確定期日の到来	確定期日の午前0時	×
②	根抵当権者・債務者が死亡し，相続開始後6か月内に指定根抵当権者・指定債務者の合意の登記がされない場合	相続開始の時	×
③	設定者の確定請求	確定請求から2週間経過時	○
④	根抵当権者又は債務者に合併又は会社分割があった場合における設定者の確定請求	合併又は会社分割の効力発生時	○
⑤	根抵当権者の確定請求	確定請求の時	○
⑥	根抵当権者による競売，担保不動産収益執行の申立て及び手続が開始したとき	申立ての時	×
⑦	根抵当権者が物上代位による差押えを申し立てたとき	申立ての時	○
⑧	根抵当権者が滞納処分による差押えをしたとき	差押えの時	×

<table>
<tr><td>⑨</td><td colspan="2">第三者による競売手続開始又は滞納処分による差押えがあったことを根抵当権者が知った時から２週間経過したとき</td><td>根抵当権者が知った時から２週間経過時</td><td>○</td></tr>
<tr><td>⑩</td><td rowspan="2">設定者の破産手続開始決定</td><td>設定者が自然人</td><td rowspan="2">開始決定の時</td><td>×</td></tr>
<tr><td>⑪</td><td>設定者が法人</td><td>○</td></tr>
<tr><td>⑫</td><td colspan="2">債務者の破産手続開始決定</td><td>開始決定の時</td><td>○</td></tr>
</table>

4 共有根抵当権についての登記

問題４

① A及びBを根抵当権者とする共有根抵当権において，**準共有者Aの権利**に関し，Cに対する一部譲渡を登記原因とする権利の一部移転の登記を申請することはできない。 ⇒○

② A及びBを根抵当者とする準共有の根抵当権において，**A，B及びCが共同**して，Cに対する一部譲渡を登記原因とする根抵当権の一部移転の登記を申請することはできない。 ⇒×

準共有者の全員が当事者かチェック

思考プロセスと解説

根抵当権の準共有者の一人は，その権利を一部譲渡又は分割譲渡することはできません（昭46.10.4民甲3230号通達）。よって，設問①において，準共有者Aの権利に関し，Cに対する一部譲渡を登記原因とする権利の一部移転登記を申請することはできません。

なぜなら

これを認めると，“A＋B間で共有”及び“A＋C間で共有”といった多元的な準共有状態となり，**法律関係が複雑になってしまう**からです。

一方

準共有者の全員が当事者となれば，その根抵当権全体として，一部譲渡や分割

譲渡をすることができます（登記研究340号）。よって，設問②においては，A及びBからCに対する一部譲渡を登記原因とする根抵当権一部移転登記を申請することができます。

なぜなら

準共有者全員による一部譲渡や分割譲渡であれば，新たな準共有者が加わるにすぎず，多元的な準共有状態が生じることにはならないからです。

● **権利譲渡の態様**　　○：できる　×：できない

準共有者ＡＢのうちＡが自己の権利をＣに	全部譲渡	○
	一部譲渡，分割譲渡	×
準共有者ＡＢが共有根抵当権全体をＣに	全部譲渡	○
	一部譲渡，分割譲渡	○

チェックポイント

1 根抵当権設定登記

・**共同根抵当権の追加設定ができる場面かチェック**

事後的に累積根抵当権を共同根抵当権とする根抵当権の追加設定はできない

2 元本確定前の根抵当権の処分の登記

・**権利の全部譲渡か放棄かをチェック**

根抵当権の順共有者の権利の譲渡による移転の登記をする場合，承諾証明情報として，設定者の承諾を証する情報の提供が必要　cf.準共有者の権利の放棄

3 元本確定登記

①どの元本確定事由に当たるかチェック

②元本確定登記が必要かチェック

根抵当権の一部譲渡を受けた者が債権者として差押えをしている場合，根抵当権の元本は確定する

4 共有根抵当権についての登記

・**準共有者の全員が当事者かチェック**

準共有者の全員が当事者となれば，一部譲渡や分割譲渡をすることができる

7 抵当権と根抵当権の登記の比較

イントロダクション

ここでは，抵当権と根抵当権の性質を追加設定や利益相反取引などの場面を通じて知識を比較・整理して，相異点を明らかにしていきます。抵当権・根抵当権のそれぞれの性質を把握した上で，問題文からキーワードを抜き出しスピーディに解答できるようにしていきましょう。

1 抵当権及び根抵当権と会社分割の登記

問題 1

① A株式会社を吸収分割株式会社とし，B株式会社を吸収分割承継株式会社とする吸収分割があった場合において，A社を抵当権者とする**抵当権**について，会社分割を登記原因とするB社への抵当権の移転の登記を申請するときは，登記原因証明情報として，会社分割の記載があるB社の登記事項証明書又は会社法人等番号を提供すれば足り，**分割契約書**を提供することを要しない。 ⇒✕

② A株式会社を吸収分割株式会社とし，B株式会社を吸収分割承継株式会社とする吸収分割があった場合において，A社を根抵当権者とする**元本確定前の根抵当権**について，会社分割を登記原因とするB社への根抵当権の一部移転の登記を申請するときは，登記原因証明情報として，会社分割の記載があるB社の登記事項証明書又は会社法人等番号を提供すれば足り，**分割契約書**を提供することを要しない。 ⇒○

2択の決め手！ 抵当権か元本確定前の根抵当権かをチェック

思考プロセスと解説

設問①のように，抵当権者を分割会社とする会社分割による抵当権移転登記を申請する場合は，分割契約（計画）書及び登記事項証明書又は会社法人等番号を登記原因証明情報として提供します（平18.3.29民二755号通達）。

なぜなら

会社分割において承継される権利義務は分割契約（計画）書の内容によって決まるため，登記申請の対象となっている権利が承継財産に含まれる旨をその分割契約（計画）書によって，登記官に立証する必要があるからです。

一方

設問②のように，元本確定前の根抵当権について，根抵当権者の会社分割による根抵当権一部移転登記を申請する場合は，会社分割の記載がある承継（新設）会社の登記事項証明書（会社法人等番号）を登記原因証明情報として提供します（平17.8.8民二1811号通知）が，**分割契約（計画）書の提供は不要**です。

なぜなら

元本確定前の根抵当権者が分割会社となる会社分割があった場合，根抵当権は会社分割によって**法律上当然に承継（新設）会社との共有根抵当権となる**ため（民398条の10），その分割契約（計画）の内容を立証する必要がないからです。

● 会社分割契約書（計画書）の添付の要否

会社分割による抵当権移転	会社分割による元本確定前の根抵当権一部移転	会社分割による元本確定後の根抵当権一部移転
必　要	不　要	必　要

2 抵当権及び根抵当権と追加設定の登記

問題 2

① 甲不動産に抵当権の設定の登記がされた後に**抵当権**の債務者が住所を変更した場合，債務者の住所の変更の登記をしなければ，当該根抵当権を別の不動産に**追加設定**する登記を申請することができない。

⇒✕

② 甲不動産に根抵当権の設定の登記がされた後に**根抵当権**の債務者が

住所を変更した場合，債務者の住所の変更の登記をしなければ，当該根抵当権を別の不動産に**追加設定**する登記を申請することができない。

⇒○

共同抵当権か共同根抵当権かをチェック

思考プロセスと解説

共同抵当権の追加設定登記を申請する場合であれば，すでに登記した抵当権の表示と債権額，利息，債務者等は一致しなくても，登記は受理されます。これらの登記事項は抵当権の被担保債権を特定する一要素にすぎず，**同一の債権を担保する共同担保になることがわかればよい**からです。

一方

共同根抵当権においては，各不動産に設定される**根抵当権の４要素（根抵当権者，被担保債権の範囲，債務者及び極度額）は完全に一致していなければなりません**。

よって

これらの要素に変更・更正があり，すでに登記した根抵当権と追加設定する根抵当権が一致しない場合には，共同根抵当権の追加設定登記の前提として，すでに登記した根抵当権の変更・更正登記を申請しなければなりません。

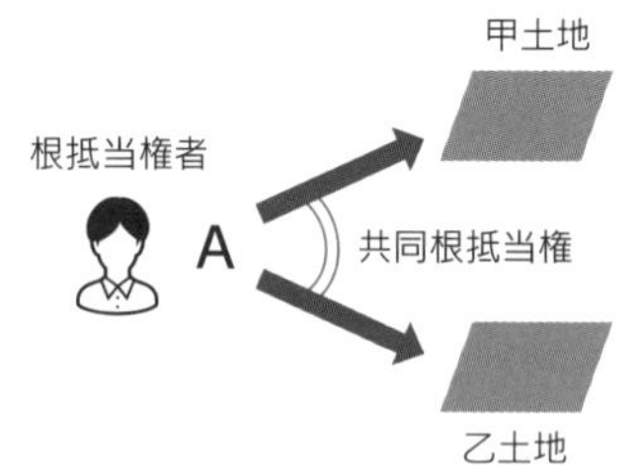

根抵当権者：A
債権の範囲：売買取引
債　務　者：B
極　度　額：1,000万

＝

根抵当権者：A
債権の範囲：売買取引
債　務　者：B
極　度　額：1,000万

4要素の完全一致が必要となる

● 共同根抵当権における同一性の要否

必 要	不 要
① 根抵当権者 ② 債権の範囲 ③ 債務者 ④ 極度額	❶ 設定者 ❷ 確定期日 ❸ 優先の定め

3 抵当権及び根抵当権と利益相反取引

問題 3

① 取締役会設置会社である甲株式会社の債務を担保するため，甲株式会社所有の不動産に抵当権を設定し，その旨の登記がされている場合において，**債務者を甲株式会社の代表取締役であるAに変更**する**抵当権**の変更の登記を申請するときは，甲株式会社の取締役会の承認を受けたことを証する情報を提供しなければならない。 ⇒✕

② 取締役会設置会社である甲株式会社を債務者兼設定者とする根抵当権の設定の登記がされている場合において，**債務者を代表取締役Aに変更**する**根抵当権**の変更の登記を申請するときは，甲株式会社の取締役会の承認を受けたことを証する情報を提供しなければならない。 ⇒〇

抵当権か根抵当権かをチェック

思考プロセスと解説

株式会社が所有する不動産に，当該**株式会社を債務者とする抵当権設定登記**がされている場合において，**債務者を当該株式会社の代表取締役に変更**することは，会社法356条1項2号，3号の**利益相反取引には該当しない**（登記研究131号）ので，設問①においては，甲株式会社の取締役会議事録の提供を要しません。

なぜなら

代表取締役Aは，元は甲株式会社が負っていた債務を引き受けたにすぎず，新

たに甲株式会社の負担において代表取締役A個人の債務が担保されるわけではなく，甲株式会社の利益が損なわれるわけではないからです。

一方

株式会社を債務者兼設定者とする根抵当権について，**債務者を当該株式会社の代表取締役とする変更は**，会社法356条1項2号，3号の**利益相反取引に該当**する（登記研究533号）ので，設問②においては，甲株式会社の取締役会議事録の提供が必要です。

なぜなら

根抵当権の債務者の変更があった場合は，代表取締役Aを債務者，甲株式会社を設定者とする物上保証の**根抵当権を新たに設定するのと同じ状況**にあり，甲株式会社の負担において代表取締役A個人の債務が新たに担保されることになり，甲株式会社の利益が損なわれると考えられるからです。

● 会社を設定者とする（根）抵当権の債務者変更における議事録の添付の要否

○：必要　×：不要

債務者変更の態様	抵当権	根抵当権
会社 → 代表取締役	×	○

チェックポイント

1 抵当権及び根抵当権と会社分割の登記

・**抵当権か元本確定前の根抵当権かをチェック**

元本確定前の根抵当権者が分割会社となる会社分割があった場合，分割契約（計画）書の提供は不要

2 抵当権及び根抵当権と追加設定の登記

・**共同抵当権か共同根抵当権かをチェック**

共同根抵当権においては，4要素が一致していなければ追加設定はできない

3 抵当権及び根抵当権と利益相反取引

・**抵当権か根抵当権かをチェック**

株式会社を債務者兼設定者とする根抵当権について，債務者を当該株式会社の代表取締役とする変更は，会社法356条1項2号，3号の利益相反取引に該当する

8 用益権に関する登記

イントロダクション

ここでは，地役権の抹消についての利害関係人の判断，借地借家法に関する登記を取り扱っていきます。地役権を抹消する際の利害関係人の判断をするに当たっては，抵当権の登記がなされたのが，地役権設定の登記の前後どちらなのかを把握するようにしましょう。また，借地借家法に関する問題に苦手意識をもつ受験生は多いですが，設問を通じて，借地権の種類ごとの基本的な事項を確実に押さえていきましょう。

1 地役権に関する登記

問題 1

① **地役権の設定の登記がされる前**に，その要役地について**抵当権の設定の登記がされている**場合において，地役権の設定の登記の抹消を申請するときは，当該抵当権の登記名義人の承諾を証する情報又はその者に対抗することができる裁判があったことを証する情報を提供しなければならない。 ⇒×

② **地役権の設定の登記がされた後**に，その要役地について**抵当権の設定の登記がされている**場合において，地役権の設定の登記の抹消を申請するときは，当該抵当権の登記名義人の承諾を証する情報又はその者に対抗することができる裁判があったことを証する情報を提供しなければならない。 ⇒○

2択の決め手！ 抵当権の設定登記が地役権設定の登記の前か後かをチェック

思考プロセスと解説

地役権設定の**登記前**に要役地に設定された抵当権の登記名義人は，地役権抹消登記についての登記上の利害関係を有する第三者には当たらないため（登記研究466号），当該抵当権の登記名義人の承諾証明情報を提供することは要しません。

なぜなら

地役権設定の**登記前**の抵当権等の登記名義人は，**もともと地役権が設定される前の土地を目的として抵当権等を取得**していたのだから，地役権が抹消されて土地の利用が不便になるとしても，抵当権設定時より不利な状態にはならず，不利益を被ることがないからです。

一方

地役権設定の**登記後**に要役地に設定された抵当権の登記名義人は，地役権抹消の登記についての登記上の利害関係を有する第三者に当たるため（68条，令別表37添ハ），当該抵当権の登記名義人の承諾証明情報を提供しなければなりません。

なぜなら

地役権設定の**登記後**の抵当権等の登記名義人は，地役権が設定されていることで要役地の**利用価値が高められていることを前提に**抵当権を取得しているため，地役権設定登記が抹消されると不利益を被ることになるからです。

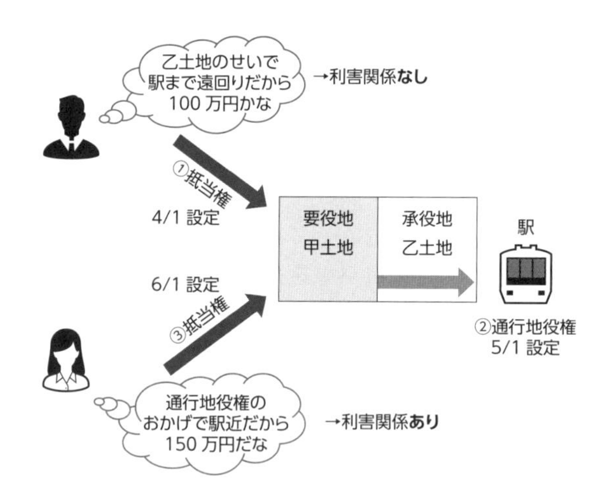

2 借地借家法に関する登記

問題 2

① **存続期間を50年**とし，契約の更新及び建物の築造による存続期間の延長がなく，建物の買取りの請求をしないこととする旨の特約を定めて借地権を設定した場合には，借地権の設定の登記の申請情報と併せて，当該特約の**公正証書の謄本**を提供しなければならない。 ⇒✕

② 工場として**専ら事業の用に供する建物の所有を目的**とする存続期間を10年とする地上権の設定の登記の申請は，地上権設定契約**公正証書の謄本**を申請書に添付しなければならない。 ⇒○

2択の決め手！ 定期借地権か事業用定期借地権かをチェック

思考プロセスと解説

設問①で設定されているのは一般定期借地権であり，一般定期借地権設定登記においては，添付情報のうち，登記原因証明情報については，通常の契約書に加え，特約を証する情報を提供しなければなりません（令別表33添イ，38添イ）が，当該**特約を証する書面は，公正証書に限られません**（借地借家22条）。

一方

事業用定期借地権（借地借家23条2項）の設定を目的とする契約は，**公正証書によってしなければなりません**。これは，特約の有無に関する後日の紛争の予防のために，定期借地権であることを明確にする目的に加え，専門知識のある公証人に，事業用定期借地権の要件の具備を審査させて，**違法な事業用定期借地権の設定を防止する必要がある**からです。

よって

設問②では，事業用定期借地権の設定を目的とする契約が締結されているため，この設定契約書は公正証書によってされなければなりません。

● 借地権設定の登記申請手続の比較

	一般定期借地権	事業用定期借地権
登記原因証明情報	公正証書等の書面を含む必要あり	公正証書の謄本に限る
公正証書	不　要	必　要

チェックポイント

1 地役権に関する登記

・**抵当権の設定登記が地役権設定の登記の前か後かをチェック**

地役権設定の登記“前”に要役地に設定された抵当権の登記名義人は，地役権抹消登記についての登記上の利害関係を有する第三者には当たらない

2 借地借家法に関する登記

・**定期借地権か事業用定期借地権かをチェック**

事業用定期借地権であれば，特約を証する情報は公正証書に限られる　cf. 定期借地権

9 登記名義人の氏名等の変更登記

イントロダクション

登記名義人の氏名等の変更登記は，記述式でも申請件数に影響するため非常に重要な登記となります。ここでは登記名義人の氏名等の変更事由の省略の可否についてパターンを押さえていきます。気をつけるべきポイントがわかれば，記述式についての不安も軽減されます。頑張りましょう。

1 省略の可否①

問題 1

① 買戻しの特約の登記の抹消を申請する場合において，**登記義務者である買戻権者の現住所が登記記録上の住所と異なる**ときは，当該**買戻権者の住所について変更が生じたことを証する情報**を提供して当該登記の抹消を申請することができる。 ⇒○

② 抵当権の登記の抹消を申請する場合において，当該抹消の**登記権利者の住所に変更を生じている**ときは，当該登記権利者の住所について変更が生じたことを証する情報を提供して当該登記の抹消を申請することができる。 ⇒×

名義変更事由が登記権利者側か登記義務者側かをチェック

思考プロセスと解説

所有権以外の権利の登記を抹消する場合において，当該権利の登記名義人（登記義務者）の住所が異なるときは，その後直ちに当該権利の登記が抹消されることになり，変更・更正登記をする必要が乏しいため，**名変登記を省略することができます**（昭28.12.17民甲2407号通達，昭31.9.20民甲2202号通達）。

よって

設問①では，所有権以外の権利である買戻特約登記の抹消の申請情報と併せて，登記義務者の住所について変更が生じたことを証する情報を提供すれば，前提として住所変更登記を申請することなく，当該買戻特約登記の抹消を申請することができます。

一方

設問②の所有権以外の権利である抵当権登記抹消を申請する場合において，登記権利者となる所有権の登記名義人の住所に変更が生じているときは，当該**所有権の登記は直ちに抹消されるわけではなく，今後も存続する**ため，原則通り，**名変登記を省略することはできません**（登記研究355号）。

2 省略の可否②

問題 2

① **相続**を登記原因とする所有権の移転の登記を申請する場合において，被相続人の登記記録上の住所が死亡時の住所と相違しているときには，前提として登記名義人の住所の変更の登記を申請しなければならない。 ⇒✕

② **遺贈**を登記原因とする所有権の移転の登記を申請する場合において，遺贈者の登記記録上の住所が死亡時の住所と相違しているときには，前提として登記名義人の住所の変更の登記を申請しなければならない。 ⇒○

2択の決め手！ 単独申請か共同申請かをチェック

思考プロセスと解説

設問①のように，登記名義人が死亡したため，相続による移転登記を申請する場合において，被相続人の住所又は氏名が登記記録上のものと異なるときは，その変更（更正）を証する情報を提供すれば，名変登記を省略して，相続による移転登記を申請することができます（明32.11.21民刑2009号回答）。

なぜなら

相続登記は相続人の単独申請であるところ，**登記義務者に当たる被相続人は申請人とならない**ため，登記記録上の住所と相違していたとしても，却下事由には該当しないからです（25条7号参照）。

一方

設問②のように，遺贈を登記原因とする所有権移転登記を申請する場合において，登記義務者の現在の住所が登記記録上の住所と合致しないときは，前提として，登記名義人住所変更登記を申請しなければなりません。

なぜなら

遺贈による登記は相続登記と異なり，共同申請によって行うため，前提として，登記名義人住所変更登記を申請しておかないと，**申請情報の内容である登記義務者の住所が登記記録と合致しない**ときに当たり，当該申請は却下されてしまうことになるからです（25条7号）。

● **前提登記を省略できるものの具体例**

所有権以外の権利（買戻権を含む）の抹消	変更（更正）証明情報の提供 →　登記義務者の名変を省略可
仮登記の抹消	変更（更正）証明情報の提供 →　登記義務者である仮登記名義人の名変を省略可
被相続人の相続開始時の表示と登記記録上の表示が異なる場合	変更（更正）証明情報の提供 →　被相続人の名変登記は申請不要
所有権保存登記の申請	変更（更正）証明情報の提供 →　表題部所有者の表示変更（更正）登記を省略可
仮登記義務者の相続開始後の仮登記の本登記	一般承継証明情報の提供 →　仮登記義務者の相続登記を省略可

チェックポイント

1 省略の可否①

・**名義変更事由が登記権利者側か登記義務者側かをチェック**

所有権以外の権利を抹消する場合，登記義務者の名変登記は省略可能　cf. 登記権利者

2 省略の可否②

・**単独申請か共同申請かをチェック**

相続登記において被相続人の名変登記は省略可能
cf. 遺贈による所有権移転登記

10 仮登記

イントロダクション

仮登記は多くの受験生が苦手とする分野です。ここでは，仮登記の可否，添付情報，仮登記された権利の処分，仮登記に基づく本登記における登記義務者について学習をしていきます。着目すべきキーワードを拾いながら解法パターンを学んでいきましょう。

1 所有権移転の仮登記の添付情報

問題 1

① 所有権の移転の仮登記を仮登記権利者及び仮登記義務者が共同して申請する場合，仮登記義務者の**印鑑証明書**を提供することを要しない。 ⇒×

② 所有権の移転の仮登記を仮登記権利者及び仮登記義務者が共同して申請する場合，仮登記権利者の**住所を証する情報**を提供することを要しない。 ⇒○

2択の決め手！ 印鑑証明書か住所を証する情報かをチェック

思考プロセスと解説

所有権移転の仮登記（1号仮登記）を申請する場合，**申請情報と併せて登記義務者の印鑑証明書は提供する必要**があります。仮登記の段階であっても登記義務者が登記記録上不利益を受けることは変わらないからです。

なお

1号仮登記は，登記識別情報を提供できない場合に申請することができることとの関係で，仮登記の申請において登記識別情報の提供は不要です（107条2項，

105条1号，規178条参照）。

一方

所有権移転の仮登記を申請する場合，申請情報と併せて**登記権利者の住所を証する情報を提供することを要しません**（昭32.7.27民甲1430号通達）。なぜなら，登記権利者の住所を証する情報は，当該所有権移転の仮登記に基づく本登記を申請する際に提供すれば足りるからです。

● **所有権移転の仮登記の添付情報**　　○：提供必要　×：提供不要

	共同申請	仮登記権利者の単独申請	
		仮登記義務者の承諾がある場合	仮登記を命ずる処分がある場合
登記原因証明情報	○	○	○ 仮登記を命ずる処分の決定書正本
登記原因についての第三者の承諾等を証する情報	×		
登記識別情報	×		
印鑑証明書（書面により申請する場合）	○	×*	×
義務者の承諾を証する情報	×	○	×
住所を証する情報	×		

* 独立の添付情報としては不要であるが，仮登記義務者の承諾書を添付する場合は，印鑑証明書の添付を要する（令19Ⅱ）。この印鑑証明書は，承諾書の一部であるから，作成期間の制限はない。

2 仮登記の可否

問題 2

① **遺贈予約**を登記原因とする所有権の移転の請求権の保全の仮登記を申請することはできない。 ⇒○

② 遺言者が死亡し，遺贈の効力が発生した後において，「**遺贈**」を登記原因とする所有権移転の仮登記を申請することはできない。 ⇒×

2択の決め手！ 遺贈予約か遺贈かをチェック

思考プロセスと解説

遺贈予約を登記原因とする所有権移転請求権保全の仮登記（105条2号）を申請することはできません（登記研究352号）。遺言者が死亡する前は，遺言の撤回は自由であり（民1022条），遺贈は何らの法的効力をも有しないからです（民985条1項参照，最判昭31.10.4）。

一方

遺言者が死亡し，遺贈の効力が発生した後においては，**遺贈**を登記原因とする所有権移転の仮登記（105条1号）を申請することができます（登記研究486号）。

なぜなら

遺言者の死亡後においては，実体上の物権変動が生じるため，遺贈を登記原因とする，書類不備の場合の1号仮登記は申請できるのです。

なお

相続登記は相続人の単独申請が認められており，仮登記を認める実益がないため，1号仮登記と2号仮登記とともに認められません。

● 仮登記できないものまとめ

登記原因	類型	結論	理　由
相　続	1号	×	相続登記は相続人が単独申請することができるため，仮登記をする実益がないから
	2号	×	
遺贈予約	2号	×	遺言の撤回は自由なので（民1022），遺贈を受ける受遺者は，請求権を有しているとまではいえないから
財産分与予約	2号	×	離婚予約は公序良俗違反により無効であり，財産分与予約は離婚予約を前提とするから
会社分割予約	2号	×	会社分割の効力が発生するまで具体的な不動産に関する物権変動はもちろん，債権的な効力も生じないから

真正な登記名義の回復	2号	×	真正な登記名義の回復を原因とする所有権移転請求権の発生が予定されている状況はありえないから
信　託	2号	×	信託は財産権を移転させて受託者にその管理・処分をさせるものであり，実体上，所有権の移転がなければ信託そのものが不成立となるから
順位変更	－	×	抵当権の順位変更は，登記が効力発生要件とされているため，仮登記ではその効力が生じないから
共同根抵当権の設定	－	×	共同根抵当権の設定は，根抵当権設定登記と同時に共同担保である旨の登記をすることが実体上の効力発生要件とされているため，仮登記ではその効力が生じないから
元本確定	－	×	仮登記された根抵当権について元本確定登記をする場合，単に根抵当権の元本が確定した事実を公示する役割しか持たないから

3 仮登記に基づく本登記

問題 3

① Ａ所有名義の不動産につき，Ｂへの所有権の移転の仮登記がされた後，ＡからＣへの売買を登記原因とする所有権の移転の登記がされた場合には，当該**所有権の移転の仮登記の本登記の申請**は，**Ｃを登記義務者**としてすることができる。 ⇒×

② Ａを登記名義人とする抵当権の登記について，当該**抵当権の放棄による抹消の仮登記**がされた後，Ｂに対して債権譲渡による当該抵当権の移転の登記がされている場合には，当該**仮登記に基づく本登記**の登記義務者は，**Ａ又はＢ**のいずれでもよい。 ⇒○

2択の決め手！ 所有権か所有権以外の権利かをチェック

思考プロセスと解説

仮登記に基づく本登記の申請人は，原則として仮登記の際の申請人と同じです。仮登記名義人を登記権利者とし，仮登記義務者であった者を登記義務者とする共同申請となります。

したがって

設問①のように，**所有権移転の仮登記の後に，特定承継による所有権移転登記がされている場合**，仮登記に基づく本登記の申請における登記義務者は，**仮登記義務者であったA**です。

一方

所有権以外の権利に関する仮登記の本登記では，登記上直接不利益を受ける者を登記義務者として申請することもできます。

したがって

設問②のように，**抵当権抹消の仮登記の後に，抵当権移転登記がされている場合**，仮登記に基づく本登記の申請における登記義務者には，**仮登記義務者であったA又は現在の抵当権登記名義人B**のいずれもなることができます（60条，昭37.2.13民三75号回答）。

● **仮登記に基づく本登記の登記義務者**（昭37. 2.13民三75号回答，昭37.10.11民甲2810号通達）

<table>
<tr><th colspan="2">仮登記された権利</th><th>登記義務者</th></tr>
<tr><td colspan="2">所有権</td><td>仮登記義務者であった者*</td></tr>
<tr><td rowspan="3">所有権以外</td><td>原　則</td><td>仮登記義務者であった者*</td></tr>
<tr><td rowspan="2">例　外</td><td>①　設定又は保存の仮登記後，所有権移転登記がされている場合
→　現在の所有権登記名義人でも可</td></tr>
<tr><td>②　抹消の仮登記後，当該権利の移転の登記がされている場合
→　現在の当該権利の登記名義人でも可</td></tr>
</table>

＊　**所有権の仮登記に基づく本登記**を申請する場合は，原則として，仮登記申請時の仮登記権利者・仮登記義務者が，そのまま本登記申請における権利者・義務者となる（「当事者恒定効」）。ただし，仮登記義務者が死亡している場合は，その相続人が本登記の際の登記義務者となる（昭38. 9.28民甲2660号通達）。

チェックポイント

1 所有権移転の仮登記の添付情報

・印鑑証明書か住所を証する情報かをチェック

所有権移転の仮登記を申請する場合，登記義務者の印鑑証明書を提供する必要がある　cf. 住所証明情報

2 仮登記の可否

・遺贈予約か遺贈かをチェック

遺贈予約を原因とする仮登記はできない

3 仮登記に基づく本登記

・所有権か所有権以外の権利かをチェック

所有権以外の権利に関する仮登記の本登記では，登記上直接不利益を受ける者を登記義務者として申請することもできる

11 代位による登記・判決による登記・処分制限の登記

イントロダクション

ここでは，仮登記以外の登記請求権を保全する登記を取り扱っていきます。代位登記の可否に関しては，代位者が誰に代位しているのかを把握することが重要です。登記の真正を担保するため，登記権利者が登記義務者に代位して単独で登記の申請をすることはできません。

判決による登記では，承継執行文が問題となる場面は，登記義務者の承継の場面のみであることは意識して覚えておきましょう。処分制限の登記では，処分禁止の仮処分の登記の抹消が職権によるか嘱託によるかという点を押さえていきましょう。

1 代位登記の可否

問題 1

① 抵当権者は，**債務者の住所に変更**が生じた場合には，抵当権設定者である所有権登記名義人に代位して，債務者の住所の変更の登記を**単独**で申請することができる。 ⇒×

② 抵当権者は，**表題部所有者が所有権保存登記をしない**場合には，所有者に代位して，所有権保存の登記を単独で申請することができる。 ⇒○

代位する登記の申請構造をチェック

思考プロセスと解説

設問①のように，抵当権者は，債務者の住所に変更が生じた場合であっても，設定者である所有権の登記名義人に代位して，債務者の住所変更による抵当権変更登記を単独で申請することはできません（昭36.8.30民三717号回答）。

なぜなら

債務者の住所変更による抵当権変更登記は抵当権者と設定者の共同申請によりされるところ，これを認めると，共同申請主義が骨抜きにされてしまうからです。

一方

表題部所有者が所有権保存登記をしない場合，その所有者に対して債権を有する者は，所有者に代位して，単独で所有権保存登記を申請することができます。

なぜなら

所有権保存登記は所有者からの単独申請であるので，代位債権者も単独で申請することができるのです。

● 代位登記の申請構造

代位の対象となる登記の申請構造	代位登記の申請構造
債務者（被代位者）の単独申請	代位者の単独申請
債務者（被代位者）と他方当事者の共同申請	代位者と他方当事者の共同申請

2 判決による登記と承継執行文

問題 2

① 判決による登記における**登記義務者**について，口頭弁論終結後に相続等の一般承継があり，その相続登記がされている場合には，その一般承継人に対して判決による登記を申請することができるが，このときには承継執行文の付与が必要となる。 ⇒○

② 判決による登記における**登記権利者**について，口頭弁論終結後に相続等の一般承継があった場合には，その一般承継人がその登記を申請することができるが，このときには承継執行文の付与が必要となる。 ⇒×

登記権利者と登記義務者のどちらに相続が発生したかチェック

思考プロセスと解説

設問①のように，判決による登記における登記義務者について，**口頭弁論終結後に相続があり，その相続登記がされている場合**は，**承継執行文の付与が必要**となります。

そして

この場合，相続人に対する承継執行文が付与された確定判決に基づき，**原告（登記権利者）は直接相続人から自己への所有権移転登記等の判決に基づく登記を単独で申請することができます**（昭37．3．8民甲638号回答）。

なぜなら

直接，相続人から原告への判決による登記を認めることは，物権変動の過程に忠実な公示とはいえないものの，判決登記の原因日付が相続登記の原因日付に先行することから，実体過程を読み取ることができるため，便宜上中間省略登記を認めても差し支えないからです。

一方

設問②のように登記義務者に対して一定の登記手続を命ずる判決があったが，その訴訟の口頭弁論終結後，判決による登記申請がされるまでの間に**登記権利者に相続が生じた場合であっても**，相続人から一般承継証明情報（令7条1項5号イ）を提供して判決による登記を申請することができるため，**承継執行文は不要**です。

● 判決による登記における承継執行文の要否

口頭弁論終結前の承継	不　要
登記権利者の承継	不　要
登記義務者の承継	必　要 （民177条で対抗できない場合は執行の余地なし）

● 移転登記請求の一般承継の場合の処理

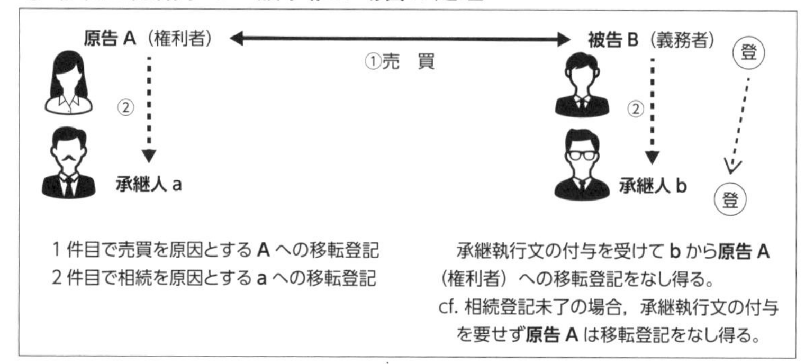

3 処分制限の登記

問題 3

① 所有権移転の登記請求権を保全するために処分禁止の仮処分の登記がされた場合において，**当該処分禁止の登記に後れる登記がないとき**に所有権の移転の登記を申請したときであっても，当該仮処分の登記は登記官の**職権**で抹消される。 ⇒✕

② 保全仮登記に基づく本登記を申請したときは，当該**保全仮登記とともにした処分禁止の登記**は，登記官の**職権**により抹消される。 ⇒○

処分禁止の仮処分の登記が職権抹消されるかチェック

思考プロセスと解説

処分禁止の仮処分の登記は，仮処分の効力を援用し，**仮処分の登記が役割を終えたことが登記官に明らかな場合には，職権で抹消**されます。仮処分に後れる登記を抹消しているときは，仮処分の登記が役割を終えたことが明らかであるといえるため，処分禁止の仮処分の登記が職権で抹消される場合に当たります。

設問①では

抹消すべき処分禁止の登記に後れる登記がないため，仮処分の登記が役割を終えたことが**登記官に明らかな場合には当たりません**。よって，仮処分の登記は職権で抹消されません。

一方

設問②のように，**“処分禁止の登記”とともに“保全仮登記”がされた場合**において，仮処分債権者が保全仮登記に基づく本登記を申請するときには，仮処分に後れる登記を抹消するかどうかにかかわらず，処分禁止の仮処分の登記は常に登記官により職権抹消されます（114条）。

なぜなら

この場合，仮処分債権者が仮処分の効力を援用したことにより，仮処分の登記が役割を終えたことが登記記録上明らかだからです。

● **処分禁止の仮処分の登記の抹消**

登記官の職権	(1)　仮処分債権者の申請に基づいて処分禁止の仮処分の登記に後れる登記を抹消するとき (2)　保全仮登記に基づく本登記をするとき
裁判所書記官の嘱託	上記以外の場合

チェックポイント

1 代位登記の可否

・**代位する登記の申請構造をチェック**
　原則義務者に代位することはできない

2 判決による登記と承継執行文

・**登記権利者と登記義務者のどちらに相続が発生したかチェック**
　登記義務者の相続の場合には，承継執行文が問題となる
　cf. 登記権利者の相続

3 処分制限の登記

・**処分禁止の仮処分の登記が職権抹消されるかチェック**
　仮処分の効力を援用していることが明らかな場合には，職権抹消される

12 信託の登記

イントロダクション

信託に関する登記については，外観は受託者の財産であることを公示しているため，受益者の利益のために，手続上，信託財産の独立性を図る様々な制度が設けられていることを理解する必要があります。制度の特徴及びそれによる手続の特徴を整理し，誰が登記義務者又は登記権利者となるのか，共同申請なのか単独申請なのかを，一つひとつしっかりと学習しましょう。

1 信託の登記の申請人①

問題 1

① 委託者Aと受託者Bとの間で，Aの所有する不動産を信託財産とする信託契約が締結された場合において，所有権の移転の登記と同時に申請する**信託の登記**は，Bを登記権利者，Aを登記義務者として共同して申請しなければならない。 ⇒✕

② 委託者Aと受託者Bとの間で，Aの所有する不動産を信託財産とする信託契約が締結された場合においてする**所有権の移転の登記**は，Bを登記権利者，Aを登記義務者として共同して申請しなければならない。 ⇒〇

2択の決め手！ 各登記の申請構造をチェック

思考プロセスと解説

信託契約により，委託者から受託者に対し，信託財産となるべき不動産に関する権利が処分された場合には，その不動産が信託財産であることを公示するために，信託の登記を申請することになります。

そして

この信託の登記の申請と当該信託に係る権利の保存，設定，移転又は変更の登記申請は，同時に，かつ，一の申請情報によってしなければなりません（98条1項，令5条2項）。

この点

権利の設定又は移転の登記は，共同申請の原則どおり，受託者が登記権利者，委託者が登記義務者となり，**共同して申請**し（60条），**信託の登記**は，共同申請の原則の例外として，**受託者が単独で申請**することになります（98条2項）。

よって

設問①は，受託者Bの単独申請で信託の登記を申請することになりますが，設問②ではBを登記権利者，Aを登記義務者として所有権移転登記を申請することになります。

● **信託の登記**（98条，令5条2項）

	申請構造	申請人	申請形態
信託の登記	**単独申請**	**受託者**＊	**一申請情報申請**
所有権移転の登記等	原則として共同申請（60）	権利者：受託者 義務者：委託者等	

＊　受託者が「信託の登記」を申請しない場合は，受益者又は委託者が，**受託者に代位して**，「信託の登記」を申請することができる（99条）。
　また，「信託の変更の登記」も，受益者又は委託者が受託者に代位して申請することができる（103条2項・99条）。

● **申請書のポイント**（e.g. 受託者をB，委託者A所有の不動産を信託財産とする信託契約）

登記の目的	所有権移転及び**信託**	◀ **信託の登記**
原　　因	令和○年○月○日信託	
権　利　者	**（信託登記申請人）**▲ B	
義　務　者	A	

2 信託の登記の申請人②

問題 2

① 単独の受託者の**辞任**による所有権の移転の登記は，新受託者を登記権利者，前受託者を登記義務者として，**共同**で申請しなければならない。 ⇒〇

② 信託の受託者が２人以上ある場合において，そのうちの１人の任務が**死亡**により終了したときにおける信託財産に属する不動産についての権利の変更の登記は，死亡を証する情報を提供して，他の受託者が**単独**で申請することができる。 ⇒〇

2択の決め手！ 受託者の任務の終了が公文書で立証できるかチェック

思考プロセスと解説

設問①のように，単独の受託者の辞任による所有権移転登記は，新受託者を登記権利者，前受託者を登記義務者として共同して申請します（60条）ので，単独申請は認められていません。

なぜなら

受託者の辞任の場合，任務の終了を公文書で証明することができないので，共同申請の申請構造から登記の真正を担保すべきだからです。

一方

設問②のように，**公文書によって証明できる事由（e.g.死亡）にて受託者の任務が終了した場合は，新受託者（他の受託者）が単独で申請することができます**（100条１項）。

なぜなら

任務の終了を公文書で証明できるのであれば，登記原因証明情報を公文書（e.g.戸籍謄本等）で提供することによって**登記の真正を担保することができる**からです。

● 受託者変更登記のまとめ

受託者の変更原因	受託者の人数	登記の目的	申請構造
死亡等	1人	所有権移転	新受託者　又は　残存受託者の単独申請(100)
	複数	合有登記名義人変更	
辞　任	1人	所有権移転	権利者：新受託者　又は残存受託者 義務者：前受託者 の共同申請(60)
	複数	合有登記名義人変更	

チェックポイント

1 信託の登記の申請人①

・各登記の申請構造をチェック

信託登記は単独申請可能だが，同時に申請する所有権移転登記は共同申請となる

2 信託の登記の申請人②

・受託者の任務の終了が公文書で立証できるかチェック

単独の受託者の辞任による所有権移転登記は，新受託者を登記権利者，前受託者を登記義務者として共同して申請する

cf. 死亡

13 区分建物に関する登記

イントロダクション

区分建物に関する登記は苦手意識を持ってしまいがちですが，出題頻度が高いため，重要度は高いです。区分建物又は敷地のみを目的とする登記の可否がこの分野における最重要論点ですが，近年は“建物のみに関する旨の付記”の登記の要否についても出題が増えているため，設問を通じてしっかり準備をしていきましょう。敷地権が賃借権である場合の抵当権設定の場面のように，権利の性質上区分建物のみを目的とすることが明らかな権利については，建物のみに関する旨の付記が不要である点を意識して押さえておきましょう。

1 区分建物のみを目的とする登記の可否

問題 1

① **敷地権が生じた日よりも前の日を登記原因**の日付とする**所有権の移転の登記**は，区分建物のみを目的とするものであっても，申請することができる。

⇒✕

② **敷地権が生じた日よりも前の日を登記原因の日付**とする**抵当権の設定の登記**は，区分建物のみを目的とするものであっても，申請をすることができる。

⇒○

2択の決め手！
専有部分の所有権登記名義人と敷地権の登記名義人が異なってしまうかチェック

思考プロセスと解説

敷地権の登記がされた後は区分建物と敷地権の分離処分が禁止されるという実体上のルールがあります（分離処分禁止の原則）。

よって

設問①については，敷地権の登記がされた後は，**敷地権のみ**又は**区分建物のみ**の所有権移転登記を申請することはできず（73条２項本文，３項本文），敷地権の登記がされる前に，所有権移転の原因が生じていたとしても，所有権移転登記をすることはできません。

なぜなら

この場合に**区分建物のみ**を目的とする所有権移転登記をしてしまうと**専有部分の所有権登記名義人と敷地権の登記名義人が異なってしまう**からです。

一方

設問②のように，敷地権の登記がされる前に登記原因が生じた**敷地権のみ**又は**区分建物のみ**を目的とする抵当権設定登記をすることはできます（73条２項但，３項但）。

なぜなら

この場合は，分離処分禁止の原則に抵触しませんし，**抵当権設定登記がされても登記名義人が変わるわけではない**ので，専有部分の所有権登記名義人と敷地権の登記名義人が異なることにもならないからです。

● 一体化後の土地又は建物のみを目的とする登記の可否

		可　否
所有権移転登記	原　則	×
	例　外	(1)　敷地権発生日前を登記原因日付とする場合の所有権移転の仮登記　→　○ (2)　敷地権が賃借権又は地上権である場合の，土地のみの所有権移転登記　→　○
抵当権設定登記	原　則	×
	例　外	(1)　敷地権発生日前を登記原因日付とする場合　→　○ (2)　敷地権が賃借権の場合に，区分建物のみを目的とする抵当権の設定登記　→　○

2 建物のみに関する付記

問題 2

① 敷地権が生じた日よりも前の日を登記原因の日付とする**所有権の移転の仮登記**は，区分建物のみを目的とするものであっても，その申請をすることが可能で，かつ，建物のみに関する旨の記録が付記される。 ⇒○

② **賃借権を敷地権**とする区分建物についてされた**抵当権**の設定の登記には，建物のみに関する旨の登記が付記される。 ⇒×

建物のみに関する付記登記がされるかチェック

思考プロセスと解説

設問①について，敷地権の登記がされる前に登記原因が生じた**敷地権のみ**又は**区分建物のみ**の所有権の移転の**仮登記**を申請することはできます（73条2項但，3項但）。

なぜなら

分離処分禁止の原則とは抵触しないのはもちろん，敷地権と区分建物の一方のみに所有権移転仮登記がされても，仮登記であれば登記名義人が変わるわけではないため，専有部分の所有権の登記名義人と敷地権の登記名義人が異なることにはならないからです。

そして

建物のみを目的とする所有権移転の仮登記につき，当該仮登記が敷地権を目的とするものでないことを明らかにするため，**建物のみに関する付記がされる**ことになります（規156条）。

一方

設問②について，**敷地権が賃借権の場合**には，**区分建物のみを目的とする抵当権設定登記**をすることができます（73条3項柱書参照）が，権利の性質上，区分建物のみを目的とすることが明らかであるため，**建物のみに関する付記はされません**。

なぜなら

そもそも，抵当権は賃借権を目的として設定することができないので，敷地権に抵当権設定登記の効力が及ばないことが明らかであるためです。

● **建物のみに関する旨の登記**

専有部分についてされた登記は，一体公示の原則により，敷地権についても効力を有するかのような外観を呈する。そこで，以下の場合には，敷地権についてされた登記として効力を有しないことを明らかにするために，建物のみに関する旨の付記登記がされる。

① 敷地権の登記をする前に建物についてされた，**所有権の登記以外の所有権に関する登記**（所有権に関する仮登記，買戻特約の登記，差押えの登記等），**担保権**（一般の先取特権，質権，抵当権）に関する登記（規123Ⅰ）*
② 敷地権が生じる前の日を登記原因日付とする建物のみに関する所有権の仮登記，質権・抵当権に関する登記（規156）*

* 例外：❶ 区分建物のみを目的とする抵当権であって，**敷地権が賃借権**である場合には建物のみに関する旨の付記登記はされない。
❷ 区分建物についてされた**特別の先取特権**又は**賃借権**に関する登記には，建物のみに関する旨の付記をすることを要しない（昭58.11.10民三6400号通達）。

チェックポイント

1 区分建物のみを目的とする登記の可否

・専有部分の所有権登記名義人と敷地権の登記名義人が異なってしまうかチェック

敷地権が生じた日よりも前の日を登記原因の日付とする抵当権設定登記は，区分建物のみを目的とするものであっても，申請をすることができる　cf.所有権移転登記

2 建物のみに関する付記

・建物のみに関する付記登記がされるかチェック

敷地権付き区分建物についてする登記であっても，その登記が建物のみに効力を有する場合には建物のみに関する付記登記がされる

午後択一を60分で解く方法論

午後の部は記述式問題もあることから，択一式問題だけに時間をかけられません。時間との戦いであり，極めて速い解答速度が要求されます。特に，択一式問題の解答時間で60分（平均）を切れるかどうかが，午後の部を制するポイントといえるでしょう。

公開模試や本試験をおおよそ60分以内に解き終える合格者に共通して言えることは，**判断スピードが速い**，かつ，**諦めも早い**ということです。

正確に言えば，①自分の知っている知識か，知らない知識かを素早く判断し（**知・不知の判断のスピード**），②知らないと判断したら，即その選択肢を飛ばしてほかの箇所の検討に進んでいるのです（**諦めのスピード**）。

②に関しては，割り切りの問題ですから，意識の仕方で変えることができますが，①に関しては，知っているか知らないかの判断を素早くする訓練が必要となります。具体的には，問題文を読む中で，知っている知識の要素となる**キーワードに着目して論点の把握**を行い，これに**該当するものがなければ**，**知らないと判断する**のです。

そして，この①の**判断のスピードを磨くことが解答速度を上げるポイント**となります。

①の判断スピードの向上は，テキストの読み込みを通した知識のインプットだけでは難しいため，キーワード着目に重点を置いた問題演習を通した訓練が不可欠となります。

その訓練をするのに，“２択”という本書の切り口は適しています。

是非，有効活用してキーワードから問題を解く癖をつけてください。

不動産登記法　第2編

不動産登記制度

14 登記の種類・登記の申請方法の類型（電子申請）

イントロダクション

ここでは，登記の種類（主登記・付記登記）及び電子申請について取り扱っていきます。登記の種類に関しては，同一の不動産について登記した権利の順位は，原則として登記の前後によるが，ある登記と一体のものとして登記する必要がある場合，既存の登記と一体のものとして，当該登記と同じ順位で公示すべき場合等，公示技術上，例外的に付記登記が認められる，という観点をもって学習しましょう。電子申請については，設問を通じて電子申請の注意点を一つひとつ押さえておきましょう。

1 主登記・付記登記

問題 1

① **破産法による否認の登記**は常に主登記により実行される。 ⇒○

② **破産手続開始の登記**は常に主登記により実行される。 ⇒×

2択の決め手！ 破産法による否認か破産手続開始かをチェック

思考プロセスと解説

設問①の**破産法による否認の登記**は，所有権を目的とするものであっても，所有権以外を目的とするものであっても，**主登記**により実行されます（不動産登記記録例741）。

一方

設問②の**破産手続開始の登記**は，対象となった権利が所有権であるか所有権以外の権利であるかによって，**主登記か付記登記か分かれる**ことになります（不動産登記記録例720)。

そして

所有権を目的とする破産手続開始の登記は主登記で実行されますが，所有権以外の権利を目的とする破産手続開始の登記は付記登記で実行されます。

● 破産に関する登記の実行

破産手続開始の登記	破産法による否認の登記
所有権の登記 → 主登記 所有権以外の権利の登記 → 付記登記	常に主登記

2 電子申請①——電子署名

問題 2

① **電子申請をする場合**において，第三者の承諾を証する情報を申請情報と併せて提供するときは，当該第三者の承諾を証する情報に**当該第三者が電子署名**を行わなければならない。 ⇒○

② **登記事項証明書の交付請求**を電子申請によって行う場合には，**電子署名**を行う必要がある。 ⇒×

2択の決め手！ 登記申請か登記事項証明書の交付請求かをチェック

思考プロセスと解説

設問①のように，電子申請をする場合において，第三者の承諾を証する情報を申請情報と併せて提供するときは，当該第三者の承諾を証する情報に当該第三者が電子署名を行わなければなりません。

一方

設問②のように，登記事項証明書の交付請求を電子申請によって行う場合には，電子署名を行う必要はありません。なぜなら，**登記事項証明書は誰でも請求**

することができるため，本人確認の手段である電子署名を行う必要はないからです。

3 電子申請②——電子申請の取下げと却下

問題 3

① **電子申請の取下げ**は，法務大臣の定めるところにより**電子情報処理組織を使用**して申請を取り下げる旨の情報を登記所に提供する方法によってしなければならない。 ⇒○

② 登記の申請を**却下**するときは，書面申請の場合であっても，電子申請であっても，**却下決定書**を交付する。 ⇒○

2択の決め手！ 取下げか却下かをチェック

思考プロセスと解説

電子申請では，申請人のⅠ．電子署名，及び併せて提供されるⅡ．電子証明書で本人確認がされています。そのため，申請の取下げの申出が，申請人からされたことを確認する方法として，**申請時の電子署名及び電子証明書によるのが最も確実かつ簡便**となるのです。

そこで

電子申請による申請を取り下げるには，申請時の電子署名及び電子証明書を付して，電子情報処理組織を使用した方法のみによることとされているのです。

一方

登記申請の却下の場面では，オンラインでは通知が**確実に名宛人に到達する保証がない**ため，却下した旨の通知は常に却下決定書の交付によります。

● 電子申請による登記手続等に関する注意点

電子署名・電子証明書	申請情報	申請人(登記権利者を含む)又はその代表者若しくは代理人が，申請情報に電子署名をし，当該電子署名に関する電子証明書を併せて送信する(令12Ⅰ,14)。
	添付情報	添付情報の作成者が，当該添付情報に電子署名をし，当該電子署名に関する電子証明書を併せて送信する(令12Ⅱ,14)。
電子申請によりされた登記申請の取下げ		電子情報処理組織を使用してしなければならない(規39Ⅰ①)。
電子申請によりされた登記の申請の却下		決定書が交付される(規38Ⅰ)。

チェックポイント

1 主登記・付記登記

・**破産法による否認か破産手続開始かをチェック**

破産法による否認の登記は常に主登記により実行される

2 電子申請①――電子署名

・**登記申請か登記事項証明書の交付請求かをチェック**

登記事項証明書の交付請求は電子署名を行う必要はない

3 電子申請②――電子申請の取下げと却下

・**取下げか却下かをチェック**

電子申請による申請を取り下げるには，電子情報処理組織を使用した方法のみによる

15 添付情報①（登記原因証明情報・登記識別情報）

イントロダクション

ここでは，登記原因証明情報の提供や，登記識別情報の通知等を取り扱っていきます。登記原因証明情報は自己証明を認められるケースをしっかりと押さえていきましょう。登記識別情報の通知に関しては，どのような場合に通知がされるのかをしっかりと理解しておきましょう。

1 登記原因証明情報

問題 1

① 登記原因証明情報の一部として，相続欠格者が自ら作成した**相続欠格者に該当することを証する情報**を提供して，相続を登記原因とする所有権の移転の登記を申請することができる。 ⇒○

② 登記原因証明情報の一部として，相続放棄者が自ら作成した**相続放棄をしたことを証する情報**を提供して，相続を登記原因とする所有権の移転の登記を申請することができる。 ⇒×

2択の決め手！ 相続欠格か相続放棄かをチェック

思考プロセスと解説

設問①について，相続欠格の場合は，**自己証明であっても**，登記原因証明情報として提供することができます（昭33.1.10民甲4号通達参照）。

一方

設問②の相続放棄は，**家庭裁判所に対する申述を要する要式行為**であるため（民938条），相続放棄の場合の相続を登記原因とする所有権移転登記は，自己証明の情報ではなく，**相続放棄申述受理証明書**を提供しなければなりません。

なお

特別受益があったことを証する情報も自己証明でよいのですが，特別受益者が死亡している場合には，その相続人全員で当該情報を作成しなければなりません（登記研究473号）。

● **相続による登記の登記原因証明情報の内訳**

		登記原因証明情報の内訳
法定相続人が法定相続分でする所有権移転登記		戸籍謄本
相続人	**相続放棄**（民915）	戸籍謄本　＋ 相続放棄申述受理証明書　又は 通知書　又は 相続放棄等の申述有無についての照会に対する家庭裁判所からの回答書
	相続廃除（民892）	戸籍謄本（廃除の旨が戸籍に記載される）
	相続欠格（民891）	戸籍謄本　＋ 判決謄本（確定証明書付）　又は 欠格者作成の証明書（欠格者の印鑑証明書付）

2 登記識別情報①

問題 2

① ある不動産の共有者Aの持分に抵当権の設定の登記がされている場合において，Aが他の共有者の持分を取得し，単独所有となったため，抵当権の効力を**所有権全部に及ぼす変更**の登記がされたときは，抵当権者に対して**登記識別情報が通知される。** ⇒✕

② AとBとの共有の登記がされた不動産について，**Aのみを所有者とする所有権の更正**の登記がされた場合には，Aに対して**登記識別情報が通知されない。** ⇒✕

2択の決め手！ 新たな登記名義人が登記記録に現れているかチェック

思考プロセスと解説

登記官はその登記をすることによって**申請人自らが新たな登記名義人となる場合**において，登記を完了したときは，申請人に対して当該登記識別情報を通知しなければなりません。

そして

設問①の抵当権の効力を所有権全部に及ぼす変更の場合，**新たな登記名義人が出てくるわけではない**ため，登記識別情報は通知されません。

一方

設問②のＡ・Ｂ共有の不動産について，Ａのみを所有者とする更正登記は，**Ａが従前のＢの持分について新たな登記名義人となった**と考えられ，新たにＡの氏名・住所が記録されるため，登記識別情報が通知されます。

なお

持分のみの更正の場合は，**登記権利者の氏名住所が新たに登記されるわけではない**ため，登記識別情報は誰にも通知されません。

● **登記識別情報の通知の比較**

通知される	通知されない
①　Ａ・Ｂ名義からＡ名義への更正登記	❶　持分のみの更正登記 ❷　及ぼす変更登記

3 登記識別情報②

問題３

①　登記識別情報の**失効**の申出については，同一の登記所の管轄区域内にある二以上の不動産について，**一の申出情報によって**申出をすることができる。　⇒✕

②　登記識別情報が**有効**であることの証明の請求については，**一の請求情報によって**請求をすることができない。　⇒✕

失効の申出か有効証明請求かをチェック

思考プロセスと解説

登記識別情報の失効の申出をする場合，**複数の不動産についてまとめて申出をすることはできず**，一つの登記識別情報ごとに申出情報を作成して提供しなければなりません（規65条6項・令4条本文）。

なぜなら

登記識別情報の失効の申出は，登記識別情報を失念・紛失し，登記識別情報の提供ができないといったケースを想定し，**登記識別情報の効力を失効させる制度**だからです。そのため，設問①では，まとめて申出をすることができるようにはされていないのです。

一方

登記識別情報の有効証明請求は，登記申請手続を円滑に行うために，登記識別情報の効力をあらかじめ確認するための制度であることから，**複数の不動産についてまとめて請求することができ**，**一の有効証明請求情報によって当該請求をすることができる**のです（規68条7項・令4条但）。

● 登記識別情報の有効証明請求と登記識別情報の失効申出の比較

	登記識別情報の有効証明請求	登記識別情報の失効申出
一の申出情報・請求情報による申出・請求	できる	できない
登記識別情報の提供	必　要	不　要
申出・請求に当たって提供した印鑑証明書の原本還付の請求	できる	できない

チェックポイント

1 登記原因証明情報

・**相続欠格か相続放棄かをチェック**

相続欠格の場合は相続欠格者自らが作成した情報でも受理される　cf. 相続放棄

2 登記識別情報①

・**新たな登記名義人が登記記録に現れているかチェック**

抵当権の効力を所有権全部に及ぼす変更の場合，登記識別情報は通知されない

3 登記識別情報②

・**失効の申出か有効証明請求かをチェック**

有効証明請求は一の有効証明請求情報によって複数の請求をすることができる

16 添付情報②（印鑑証明書・代理権限証明情報）

イントロダクション

ここでは，印鑑証明書の提供の要否，印鑑証明書の３か月の期間制限，代理権限証明情報の中身について取り扱っていきます。印鑑証明書は申請意思確認のための印鑑証明書と文書の真正を担保するための印鑑証明書をしっかりと区別することが重要です。

1 印鑑証明書①

問題 1

① A所有の不動産の所有権を目的とする**抵当権**の設定の登記がされている場合において，債務者を変更する抵当権の変更の登記を申請するときは，Aの**印鑑証明書**の提供は**必要**である。 ⇒×

② A所有の不動産の所有権を目的とするBを根抵当権者とする**根抵当権**の設定の登記がされている場合において，債務者を変更する根抵当権の変更の登記を申請するときは，Aの**印鑑証明書**の提供が**必要**である。 ⇒○

2択の決め手！ 抵当権か根抵当権かをチェック

思考プロセスと解説

設問①の不動産の所有権を目的とする抵当権設定登記がされている場合において，債務者を変更する抵当権変更登記を申請するときは，設定者の印鑑証明書の提供は不要です。

なぜなら

抵当権の債務者は被担保債権を特定するための登記事項にすぎず，抵当権の担保額が変わるわけでもないため，設定時のように，印鑑証明書の提供を要求して申請意思の確認を厳格にする必要はないからです。

一方

設問②について，根抵当権は，**根抵当権者と債務者との間で発生する不特定の債権を担保するもの**であるため，根抵当権の債務者に変更があった場合，これによって根抵当権の担保額が変わります。

よって

根抵当権の新規設定の実質を有すると考えられるため，根抵当権設定登記と同様に，登記義務者である所有権の登記名義人の印鑑証明書の提供が必要となります。

● **印鑑証明書の要否**

抵当権の債務者変更	根抵当権の債務者変更
不　要	必　要

2 印鑑証明書②

問題 2

① 所有権の登記名義人Aの法定代理人Bが，所有権の移転の登記の申請をする場合には，申請書に押印した**Bの**印鑑に関する証明書を添付しなければならず，かつ当該印鑑証明書は**作成後３か月以内**のものであることを要する。 ⇒○

② 登記上の利害関係を有する第三者の承諾を得て，付記登記によってする地役権の変更の登記を申請する場合において，当該**第三者の承諾を証する書面に添付**すべき印鑑証明書は，**作成後３か月以内**のものであることを要する。 ⇒×

2択の決め手！ 印鑑証明書の性質をチェック

思考プロセスと解説

設問①のような申請意思確認のための印鑑証明書は，作成後3か月以内であることが必要となります。なお，登記申請意思を表示するのはAではなくBなので，Bの印鑑証明書を提供しなければなりません。

一方

設問②のような第三者の承諾を証する書面に添付すべき印鑑証明書は，作成後3か月以内のものであることを要しません。

なぜなら

私文書は証拠力が弱いので，文書の真正担保ために，印鑑証明書付のものの添付が要求されますが，実体上，承諾すべき時期に制限はないため，印鑑証明書の作成期限に関する規定は適用されないのです。

● 作成期間の制限に関する比較

作成後３か月以内	制限なし
本人確認のための印鑑証明書 （令16 Ⅲ，18 Ⅲ）	①　署名証明書 ②　文書の真正を担保するための印鑑証明書 ③　住所証明情報に代替するための印鑑証明書

よくある質問

Q　文書の真正を担保するための印鑑証明書は，申請情報の「添付情報欄」に印鑑証明書と記載しないのですか？

文書の真正を担保するための印鑑証明書は，当該文書と一体となって添付情報となるのであって，申請情報の「添付情報欄」に「印鑑証明書」と記載するものではないことに注意しましょう。
登記官は，審査資料が申請人から提供された情報と登記記録に限定されるものの，書証を証拠方法とする裁判官とパラレルに考えることができます。
この視点によれば，添付情報に印鑑証明書を併せて提供することは，民事訴訟法における，いわゆる“２段の推定(民訴228条４項)”により登記官を説得することと同じです。印鑑証明書によって本人の印章であることは立証されているので，登記官に，添付情報が本人の意思に基づいて真正に作成されたとの心証を形成させるわけです。

3 代理権限証明情報

問題 3

① **遺言により指定された遺言執行者**が，遺言に基づいて所有権の移転の登記を申請するときは，遺言書のほかに**遺言者の死亡を証する情報**を代理権限証明情報として提供しなければならない。 ⇒○

② 家庭裁判所により選任された遺言執行者が，遺言に基づいて所有権の移転の登記を申請するときは，遺言執行者選任の審判書，遺言書及び**遺言者の死亡を証する情報**を代理権限証明情報として提供しなければならない。 ⇒×

2択の決め手！ 家庭裁判所が関与しているかチェック

思考プロセスと解説

設問①では，遺贈の事実の有無を確認する必要があるため，遺言書の提供が必要になるほか，遺贈の効力が発生したことを立証する趣旨で，**代理権限証明情報として遺言者の死亡を証する情報（戸籍謄本等）が必要**となります。

一方

設問②のように，家庭裁判所により選任された遺言執行者が，遺言に基づいて所有権移転登記を申請するときは，代理権限証明情報として遺言者の死亡を証する情報の提供は不要です（昭59.1.10民三150号回答）。

なぜなら

遺言者が死亡した事実は，**家庭裁判所が審判の過程ですでに確認済み**だからです。

● 遺言執行者の代理権限証明情報のまとめ

遺言で指定した場合	・遺言書 ・遺言者の死亡を証する情報 （＝除籍の全部事項証明書等）
遺言で指定を委託した場合	・遺言書 ・遺言者の死亡を証する情報 （＝除籍の全部事項証明書等） ・指定を証する情報
家庭裁判所が選任した場合	・選任審判書 ・遺言書（昭44.10.16民甲2204号回答）

チェックポイント

1 印鑑証明書①

・抵当権か根抵当権かをチェック

抵当権の債務者変更は印鑑証明書の添付は不要
cf. 根抵当権の債務者変更

2 印鑑証明書②

・印鑑証明書の性質をチェック

本人確認のための印鑑証明書には期間制限がある
cf. 文書の真正担保に関する印鑑証明書

3 代理権限証明情報

・家庭裁判所が関与しているかチェック

遺言執行者が家庭裁判所により選任されている場合には，遺言の登記申請の際に遺言者の死亡を証する情報の添付不要

推論問題の解法手法

司法書士試験の択一式問題では，正誤を判断させる知識問題のほかに，推論問題，空欄補充型問題，登記記録問題など，様々な形式の問題が出題されます。これらの特殊形式問題では正答率が下がる傾向があります。

そこで，ここでは，推論問題への対策として，推論問題の解法手順を紹介します。推論問題が苦手な場合は，是非以下の手順に沿って問題を解いてみてください。

推論問題の解法プロセスは，大きく次の３つのステップに分けられます。

Step 1　対立点の把握
Step 2　学説の要約
Step 3　各選択肢のキーワード抽出＋当てはめ

まず，Step 1では，学説の何について見解が対立しているのか，すなわち，論点の把握を行いましょう。この作業を行うことによって，自分がどの論点を解いているのかが明確になります。

Step 2では，その学説が一言で言えば何を言いたいのかを，簡略化して書き出してみましょう。

Step 3では，各選択肢の中からキーワードを見つけ出し，Step 2で書き出した要約のどちらに該当するかの当てはめを行ってみましょう。この際にポイントになるのは，自分がわかりそうな選択肢から判断することです。推論問題はほぼ組み合わせ形式で出題されるので，すべての選択肢について判断する必要はありません。

推論問題は，憲法で出題されることが多いです。一度得意分野にしてしまえば，ほかの受験生に差をつけることができる分野でもあります。苦手意識を払拭する手段として参考にしてください。

会社法・商業登記法

会社法は多くの受験生が苦手意識を持つ科目です。その原因は，**似たような知識が多く覚えづらい**，**細かい知識が多過ぎて的が絞りきれない**ことが挙げられます。まずは，重要な知識を整理することから始めましょう。

商業登記法は，会社法との結びつきがとても強いため，両科目をリンクさせて学習すると効率的です。

特別講義配信

会社法・商業登記法　第1編

設　立

1 設　立

イントロダクション

設立を学習する際は，出資，機関，登記までの手続の大きな流れを意識するとともに，発起設立と募集設立，株式会社と持分会社の設立手続の比較を頭の中に入れておきましょう。

1 定款認証の要否

問題 1

① 設立しようとする会社が**株式会社**である場合には，発起人によって作成された定款は，**公証人の認証**を受けることを要する。 ⇒〇

② 設立しようとする会社が**持分会社**である場合には，社員になろうとする者が作成した定款は，**公証人の認証**を受けることを要する。 ⇒✕

2択の決め手！ 株式会社か持分会社かをチェック

思考プロセスと解説

設問①のように株式会社では，発起人によって作成された原始定款は，公証人の認証を受けなければ効力が生じません（会30条1項）。

なぜなら

定款の内容を明確にして，後日の紛争や不正行為を防止するために，公証人に監督的役割を担わせて，定款を確認させる必要があるからです。

一方

設問②の持分会社では，定款の作成は株式会社と同様に必要ですが，公証人に

よる定款の認証は不要です。持分会社は一般的に小規模であり，**株式会社と比べて利害関係人が少数**であるため，手間や費用がかかる定款認証の手続は省いているのです。

● **その他定款の認証が不要なものまとめ**

① 新設合併設立株式会社
② 新設分割設立株式会社
③ 株式移転設立完全親会社
④ 組織変更後の株式会社
⑤ 特例有限会社からの商号変更による移行後の株式会社

2 失権手続

問題 2

① 発起人のうち出資の履行をしていない者がある場合において，当該**発起人に対し**，期日を定め，当該期日までに出資の履行をしなければならない旨の通知がされたときは，当該期日までに出資の履行をしなかった発起人は，株主となる権利を失う。 ⇒○

② **募集設立**の場合において，設立時募集株式の引受人のうち払込期日に払込金額の全額の払込みをしていない者があるときは，発起人は，当該**引受人に対し**，別に定めた期日までに当該払込みをしなければならない旨を通知し，その通知を受けた当該引受人は，その期日までに当該払込みをしないときは，当該払込みをすることにより設立時募集株式の株主となる権利を失う。 ⇒×

発起人か引受人かをチェック

思考プロセスと解説

出資の履行をしていない発起人がいる場合，他の発起人は，一定の期日までに出資の履行をすべき旨を通知しなければなりません（失権手続　会36条1項）。そして，この通知を受けた発起人がその日までに出資を履行しないときは，設立時発行株式の株主となる権利を失うことになります（会36条3項）。

すなわち

発起人が失権するのは，設問①のように出資の履行をすべき旨の通知を受け，当該期日までに出資の履行をしない場合であり，払込期日の経過とともに当然に失権はしません。発起人は設立手続の進行役であるため，出資が履行されないからといってすぐ失権するわけではなく，可能な限り続投させる仕組みにしているのです。

一方

設問②の募集設立における設立時募集株式の引受人は，払込期日までに出資に係る金銭の全額を発起人が定めた払込取扱機関に払い込まなければなりませんが（会63条1項），発起人の場合とは異なり，**失権手続を経ることなく**，払込期日までに払込みをしなければ，**設立時募集株式の株主となる権利を当然に失う**ことになります（会63条3項）。

3 設立に関する責任——価額填補責任

問題3

① **発起設立**の場合において，検査役の調査を経た場合を除き，現物出資の目的財産の価額が定款に記載された価額に著しく不足しているときに発起人が会社に対して当該不足額を支払う義務は，当該発起人がその職務を行うについて**注意を怠らなかったことを証明すれば**，当該発起人が現物出資をした者でない限り，免れることができる。 ⇒〇

② **募集設立**の場合において，検査役の調査を経た場合を除き，現物出資の目的財産の価額が定款に記載された価額に著しく不足しているときに発起人が会社に対して当該不足額を支払う義務は，当該発起人がその職務を行うについて**注意を怠らなかったことを証明すれば**，当該発起人が現物出資をした者でない限り，免れることができる。 ⇒✕

2択の決め手！ 発起設立か募集設立かをチェック

思考プロセスと解説

現物出資財産の価額が定款に記載された価額に著しく不足している場合，現物出資をした発起人以外の発起人は不足額を支払う義務を負いますが，発起設立では，検査役の調査を経た場合，職務を行うについて注意を怠らなかったことを証明した場合に，その不足額を支払う義務を免れることができます（会52条2項）。

一方

募集設立においては，当該義務を免れるのは，検査役の調査を経た場合に限られ，たとえ，**職務を行うについて注意を怠らなかったことを証明したとしても，不足額を支払う義務を免れることはできません**（会103条1項，52条2項）。

なぜなら

募集設立においては，一般投資家の存在が考えられるところ，**株式引受人間の公平を図る必要性が高くなる**からです。

● 出資された財産等の価額が著しく不足する場合の責任免除規定まとめ

		発起設立	募集設立
発起人（会52 Ⅱ）	現物出資者（会52 Ⅱ括）	常に責任を負う	
	上記以外	(1)　検査役の調査を経た場合 (2)　職務を行うについて注意を怠らなかったことを証明した場合	検査役の調査を経た場合（会103 Ⅰ）
設立時取締役（会52 Ⅱ）			

チェックポイント

1 定款認証の要否

・株式会社か持分会社かをチェック

持分会社では，公証人による定款の認証は不要　cf. 株式会社

2 失権手続

・発起人か引受人かをチェック

引受人に対する失権手続は不要　cf. 発起人

3 設立に関する責任――価額塡補責任

・発起設立か募集設立かをチェック

募集設立では，責任を免れるのは検査役の調査を経た場合に限られる　cf. 発起設立

会社法・商業登記法　第1編　設立

2 設立に関する登記

イントロダクション

設立に関する登記の添付書面についても，会社法と同様に発起設立と募集設立の手続の比較を意識して学習しましょう。印鑑証明書については「どの場面でどのような趣旨で添付するのか」を意識することがポイントです。設立時取締役等の調査報告書については，知識を混同しやすいので，“定款に変態設立事項があるか⇒検査役の調査を受けているか”の２段階でチェックしていきましょう。

1 添付書面

問題 1

① **発起設立**の場合において，定款に記載した発行可能株式総数を変更したときは，当該設立の登記の申請書には，当該事項について発起人全員の同意があったことを証する書面を添付しなければならない。

⇒○

② **募集設立**の場合において，定款に記載した発行可能株式総数を**払込期日の後**に変更したときは，当該設立の登記の申請書には，当該事項について発起人全員の同意があったことを証する書面を添付しなければならない。

⇒✕

2択の決め手！ 発起設立か募集設立かをチェック

思考プロセスと解説

発起設立の場合において，発行可能株式総数を定款で定めているときは，**発起人全員の同意**によって，発行可能株式総数についての定款の変更をすることができます（会37条2項）。

よって

設問①の登記の申請書には，当該定款の変更に係る決定について発起人全員の同意があったことを証する書面を添付しなければなりません（商登47条3項）。

一方

募集設立の場合は，**設立時募集株式の払込期日又は払込期間の初日のうち最も早い日以後は，創立総会の決議**によって，当該定款の変更をすることになります（会95条，58条1項3号，96条）。

よって

設問②の登記の申請書には，創立総会の議事録を添付しなければなりません（商登47条2項9号）。

● 発行可能株式総数の決定機関

発起設立	募集設立	
	払込期日まで	払込期日以降
発起人全員の同意	発起人全員の同意	創立総会決議

2 印鑑証明書

問題 2

① 取締役会設置会社でない株式会社を**設立**する場合において，定款の定めに基づき**設立時取締役の互選**により設立時代表取締役を選定したときは，設立の登記の申請書には，**設立時取締役による互選を証する書面**に押された設立時取締役の印鑑について市区町村長が作成した印鑑証明書を添付しなければならない。 ⇒×

② 発起設立の方法により**設立される株式会社の定款に取締役会設置会社である旨の定めがない場合**，当該株式会社の設立の登記の申請書には，**設立時取締役が就任を承諾したことを証する書面の印鑑**について市区町村長が作成した印鑑証明書を添付しなければならない。 ⇒○

印鑑証明書の添付趣旨に着目

思考プロセスと解説

設問①について，設立の登記の申請書には，設立時取締役による設立時代表取締役の互選を証する書面に押された設立時取締役の印鑑につき市区町村長が作成した印鑑証明書を添付することを要しません（商登規61条6項参照）。

なぜなら

商業登記規則61条6項（選任に関する書面に係る印鑑証明書）の趣旨は，**代表者交代の真正担保**にありますが，設立においては代表者が初めて就任する場面であるところ，この趣旨が妥当しないからです。

一方

設問②については，**設立の際にも就任承諾書に係る印鑑証明書は必要**となります。商業登記規則61条4項後段，5項（就任承諾書に係る印鑑証明書）の趣旨は，**虚無人の代表者の登記を防止するとともに，就任承諾の意思を入念に確認する**ことにありますが，この趣旨は設立時においても妥当するからです。

そして

非取締役会設置会社においては，就任承諾書のうち，設立時取締役のものにつき市区町村長の作成した印鑑証明書が必要となります（商登規61条4項前段）。

● **設立時取締役・設立時代表取締役に関する印鑑証明書の添付の要否**（商登規61条）

	非取締役会設置会社	取締役会設置会社
就任承諾書に係る印鑑証明書	設立時取締役（61 Ⅳ）	設立時代表取締役（指名委員会等設置会社では代表執行役）（61 Ⅴ，Ⅳ）
選定書面に係る印鑑証明書	不要（61 Ⅵ参照）	

3 設立時取締役等の調査報告書

問題3

① **定款に記載された出資の目的物である金銭以外の財産の価額の総額が500万円とされている**場合には，申請書には，設立時取締役（設立しようとする株式会社が監査役設置会社である場合にあっては，設立時取締役及び設立時監査役）の**調査報告を記載した書面**及びその附属書類の添付を要しない。 ⇒✕

② 定款にいわゆる**変態設立事項の記載又は記録がないとき**は，申請書には，設立時取締役の**調査報告を記載した書面**及びその附属書類の添付を要しない。 ⇒○

2択の決め手！
①定款に変態設立事項があるかチェック
②検査役の調査を受けているかチェック

思考プロセスと解説

現物出資財産等について定款に記載された価額の総額が500万円を超えない場合，検査役の調査を受ける必要はありません（会33条10項1号）。そして，定款に現物出資財産等の変態設立事項の記載がある場合において，設立の登記の申請書には，Ⅰ．**検査役の調査を受けたときは検査役の調査報告を記載した書面及びその附属書類**を，Ⅱ．**検査役の調査を受けないときは設立時取締役等の調査報告を記載した書面及びその附属書類**を添付しなければなりません（商登47条2項3号イ）。

よって

設問①の場合は，定款に変態設立事項の定めがあるものの，検査役の調査を受ける必要がない場合に当たるため，Ⅱの**設立時取締役等の調査報告を記載した書面**及びその附属書類を添付しなければなりません。

一方

設問②の場合は，定款に変態設立事項の定め自体がないことから**調査報告書の添付は不要**です。

すなわち

設立の登記の申請書において，**設立時取締役等の調査報告を記載した書面及びその附属書類**は，Ⅰ．定款に変態設立事項に関する事項の記載がない場合，又はⅡ．定款に変態設立事項に関する事項の記載があり，かつ，検査役の調査を受けた場合に添付不要となります。

よくある質問

Q 「検査役の調査報告書」「設立時取締役等の調査報告書」を添付する場面が覚えられません。

「検査役の調査報告書」「設立時取締役等の調査報告書」は，定款に変態設立事項の定めがある場合に限って添付します。「変態がいなければ調査報告書は不要！」と押さえると覚えやすいでしょう。次の図で知識を整理しましょう。

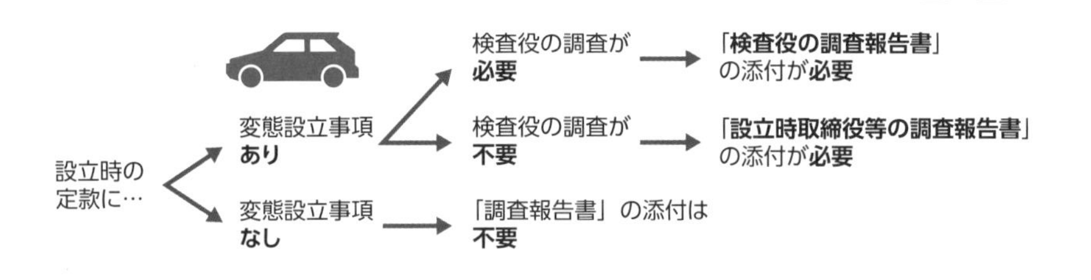

チェックポイント

1 添付書面

・発起設立か募集設立かをチェック

募集設立の場合において，定款に記載した発行可能株式総数を払込期日の後に変更したときは，創立総会の議事録を添付しなければならない

2 印鑑証明書

・印鑑証明書の添付趣旨に着目

設立時に，選定書面に係る印鑑証明書は不要だが，就任承諾書に係る印鑑証明書は必要

3 設立時取締役等の調査報告書

①定款に変態設立事項があるかチェック

②検査役の調査を受けているかチェック

「検査役の調査報告書」「設立時取締役等の調査報告書」は，定款に変態設立事項の定めがある場合に限って添付する

会社法・商業登記法　第2編

株式・新株予約権

3 株式全般

イントロダクション

ここでは，株式全般について混乱しやすい点を取り扱っていきます。種類株式については，特徴と設定・変更の際の手続をしっかり理解しておきましょう。一見類似の制度にみえる株式分割・株式無償割当てにおいては，特に両者の違いを意識しながら学習しましょう。

1 取得条項付株式と全部取得条項付種類株式

問題 1

① 株式の一部を取得条項付株式とするには，株主総会の特別決議と**種類株主全員の同意**が必要である。 ⇒○

② 株式の一部を全部取得条項付種類株式とするには，**株主総会の特別決議と種類株主全員の同意**が必要である。 ⇒×

2択の決め手！ 取得条項付株式か全部取得条項付種類株式かをチェック

思考プロセスと解説

設問①のように，**株式の一部を取得条項付株式とするには**，**株主総会の特別決議**と**種類株主全員の同意が必要**です（会309条2項11号，111条1項）。取得条項付株式は，一定の事由が生じると株式会社が株主から株式を取得するものなので，一方的に株式を失うという不利益を受ける株主全員の同意が必要となるのです。

一方

設問②のように，株式の一部を全部取得条項付種類株式とするには，**株主総会**

の特別決議と**種類株主総会の特別決議が必要**となり，当該種類株主全員の同意までは要求されません（会309条2項11号，111条2項，324条2項1号）。

なぜなら

取得条項付株式と異なり，株主総会の特別決議により（すなわち，株主の意思により）株式会社が株主から株式を取得するものなので（会171条1項，309条2項3号），**取得条項付株式の設定よりも決議要件は緩やか**になっているのです。

● 取得条項付株式と全部取得条項付種類株式の違い

	取得条項付株式	全部取得条項付種類株式
株式取得の条件	一定の事由	株主総会（特別決議）
全部か種類か	全部の株式に定めるか，ある種類の株式に定める	ある種類の株式に定める
設定の決議要件	全部：株主全員の同意 種類：株主総会（特別決議）＋種類株主全員の同意	種類：株主総会（特別決議）＋種類株主総会（特別決議）

2 株式の譲渡の効力要件と対抗要件

問題 2

① **株券発行会社の株式の譲渡**は，**その株式を取得した者の氏名又は名称及び住所を株主名簿に記載し，又は記録**しなければ，**第三者**に**対抗**することができない。 ⇒×

② **株券不発行会社における振替株式以外の株式**の譲渡は，当該株式を取得した者の氏名又は名称及び住所を株主名簿に記載し，又は記録しなければ，**第三者**に**対抗**することができない。 ⇒〇

株券発行会社か株券不発行会社かをチェック

思考プロセスと解説

設問①のような株券発行会社においては，**第三者**に対する株式譲渡の対抗要件

は**株券の所持で足ります**（会130条1項参照）。

一方

設問②のような株券不発行会社の振替株式以外の株式においては，その株式を取得した者の氏名等を**株主名簿に記載又は記録**しなければ，株式の譲渡を第三者に対抗することはできません（会130条1項）。

なぜなら

株券不発行会社においては，株券は発行されていないため，**別途第三者に対しての対抗要件を備えさせる必要があり**，株式の二重譲渡等に対して優劣を決める明確な基準として株主名簿の書換えを要件としたのです。

● **株式譲渡の要件**

		株券発行会社	株券不発行会社	
			振替株式以外	振替株式
効力発生要件		意思表示 ＋ 株券の交付	意思表示	意思表示 ＋ 口座振替
対抗要件	第三者	株券の所持	株主名簿への 記載・記録	口座振替
	会　社	株主名簿への記載・記録		

よくある質問

Q 振替株式の譲渡の仕組みがよくわかりません。

株券の代わりに株式の譲渡等の管理を証券会社の口座においてデータ上で行う株式を振替株式といいます。振替株式の場合，株式譲渡の効力発生要件は「株式譲渡の意思表示＋口座振替（口座データの書換）」であり，会社に対する対抗要件は「株主名簿の名簿書換」，第三者に対する対抗要件は，「口座振替」です。上記の株券発行会社の「株券の交付（所持）」を「口座振替」に読み替えれば覚えやすいでしょう。

3 株式分割と株式無償割当て

問題 3

① A種類株式とB種類株式を発行する旨を定款で定めている種類株式発行会社は，**株式の分割**によってA種類株式を有する株主にB種類株式を取得させることができる。 ⇒×

② A種類株式とB種類株式を発行する旨を定款で定めている種類株式発行会社は，**株式無償割当て**によってA種類株式を有する株主にB種類株式の割当てをすることができる。 ⇒○

株式分割か株式無償割当てかをチェック

思考プロセスと解説

株式分割は「分裂」，株式無償割当ては「サービス」とイメージ付けると知識が整理しやすくなります。

つまり

設問①の**株式分割**は，既存株式を分割する制度であり，「分裂」であると考えると，同一種類の株式の数が増加することになり，**異なる種類の株式を割り当てることはできません**（会184条1項）。

一方

設問②の株式無償割当ては，株主に新たな払込みをさせないで，当該会社の株式の割当てをする制度です。**株式無償割当て**をサービスと考えると，ある種類株式につき同じ種類の株式を割り当てなければならないわけではなく，**異なる種類株式を割り当てることもできます**（会185条，187条1項）。

● 株式分割と株式無償割当て　　〇：可・あり　×：不可・なし

	株式分割	株式無償割当て
①　異なる種類株式の割当ての可否	×	〇
②　自己株式の増加	〇	×
③　自己株式の交付	×	〇

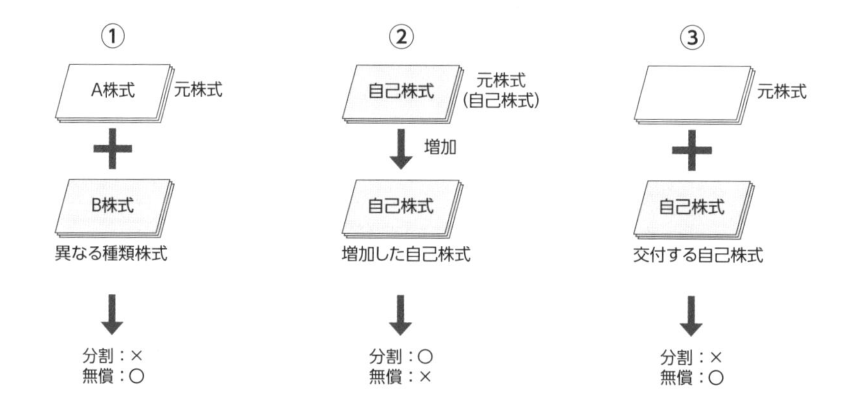

チェックポイント

1 取得条項付株式と全部取得条項付種類株式

・**取得条項付株式か全部取得条項付種類株式かをチェック**

全部取得条項付種類株式を設定する際に，当該種類株主全員の同意までは要求されない

2 株式の譲渡の効力要件と対抗要件

・**株券発行会社か株券不発行会社かをチェック**

株券発行会社において，「第三者」に対する株式譲渡の対抗要件は株券の所持となる　cf. 株券不発行会社

3 株式分割と株式無償割当て

・**株式分割か株式無償割当てかをチェック**

株式の分割は，必ず同一の種類の株式の数が増加する

4 募集株式の発行

イントロダクション

募集株式の発行を学習するポイントは，当該募集株式の発行が第三者割当てと株主割当てのいずれなのかを判断した上で，公開会社と非公開会社に応じた決議機関を判断することから始めていくことが鉄則です。本試験でも頻出なので設問を通じて知識をブラッシュアップしていきましょう。また，払込期日の変更についての論点は，記述式問題でも問われやすいので，しっかり対策を立てていきましょう。

1 第三者割当ての募集事項の決議機関

問題 1

① **会社法上の公開会社ではない取締役会設置会社**が，株主に株式の割当てを受ける権利を与えずに募集株式を発行する場合においては，**株主総会の特別決議**によって，募集事項の決定を取締役会に委任することができる。 ⇒○

② **会社法上の公開会社**は，株主に株式の割当てを受ける権利を与えないでする募集株式の発行において，払込金額が募集株式を引き受ける者に特に有利な金額である場合を除き，**株主総会の特別決議**によって募集事項を定めなければならない。 ⇒×

2択の決め手！ 公開会社か非公開会社かをチェック

思考プロセスと解説

株主が固定される**非公開会社**では，**既存株主の持株比率維持の利益の保護の必要性が強い**ため，募集事項（e.g.募集株式の数，払込金額）の決定は，株主総会の特別決議によって行うことになります（会199条2項，309条2項5号）。

もっとも

株主総会の特別決議によって，募集事項の決定を取締役（取締役会設置会社では取締役会）に委任することができます（委任決議　会200条1項，309条2項5号）。**会社の状況次第では，手続の柔軟化が必要な場合も考えられる**からです。

一方

公開会社の場合，募集事項の決定は，取締役会決議によって行います（会201条1項）。これは，一般的に大規模である公開会社では株主数も多くなるため，募集株式を発行しようとするたびに株主総会を開催しなければならないとすると，資金調達を円滑にすることができなくなるからです。

しかし

有利発行を行う場合は（会199条3項），1株当たりの経済的価値が低下し，既存株主の株式の価値が下がるため，**公開会社であっても，株主総会の特別決議が必要**になります（会201条1項，199条3項，309条2項5号）。

なお

有利発行の場合でも，株主総会の特別決議によって，募集事項の決定を取締役会に委任することができます（会200条1項，309条2項5号）。

● 第三者割当ての募集株式発行の決議機関

非公開会社	公開会社
原則：株主総会特別決議 委任：株主総会特別決議 ＋　取締役決定（取締役会）	取締役会決議 ※有利発行の場合は，株主総会特別決議（委任可）

2 定款の添付

問題 2

①　会社法上の**公開会社でない**取締役会設置会社が，株主に株式の割当てを受ける権利を**与えずに**募集株式を発行する場合において，募集事

項を**取締役会**の決議により定めたときは，募集株式の発行による変更の登記の申請書には，**定款**を添付しなければならない。 ⇒×

② 会社法上の**公開会社でない**取締役会設置会社が，株主に株式の割当てを受ける権利を**与えて**募集株式を発行する場合において，募集事項を**取締役会**の決議により定めたときは，募集株式の発行による変更の登記の申請書には，**定款**を添付しなければならない。 ⇒○

第三者割当てか株主割当てかをチェック

思考プロセスと解説

非公開会社が株主に株式の割当てを受ける権利を与えずに（第三者割当て），募集株式の発行等をする場合には，株主総会の特別決議によって決定しなければなりません（会199条2項，309条2項5号）。

なぜなら

非公開会社の株主は，公開会社とは異なって少数であることも多く，会社の経営に対する強い関心がある場合が多いと考えられるため，**経営支配権に関わる持株比率の利益に対し，強い関心がある**と考えられるからです。

したがって

設問①の場合は，株主総会の特別決議が必要となります。**定款の定めによって株主総会の特別決議を省略できるとする規定はありません。**

一方

設問②のように，非公開会社が株主に株式の割当てを受ける権利を与えて（株主割当て），募集株式の発行等をする場合は，持株比率に応じて既存株主に株式が割り当てられるため，第三者割当てのような持株比率の利益の保護という趣旨は妥当しません。そのため，第三者割当てよりも要件が緩和され，**定款でその旨を定めれば，取締役の決定（取締役会設置会社では，取締役会の決議）によって募集事項を決定することができる**とされているのです（会202条3項1号，2号）。

● 募集株式発行の決議機関

	非公開会社	公開会社
第三者割当て	原則：株主総会特別決議 委任：株主総会特別決議 ＋　取締役決定（取締役会）	取締役会決議 ※有利発行の場合は，株主総会特別決議（委任可）
	（譲渡制限株式を発行する場合）種類株主総会特別決議	
株主割当て	原則：株主総会特別決議 定款：取締役決定（取締役会）	取締役会決議
	（ある種類の種類株主に損害を及ぼすおそれのある場合）種類株主総会特別決議	

3 払込期日の変更

問題 3

① 株主総会の決議により決定された払込期日より前に募集株式の引受人のすべてが出資の履行を完了した場合に，当該**払込期日を繰り上げる**旨の株主総会の決議をしたときは，募集株式の発行による変更の登記の申請書には，当該繰上げに係る決議をした株主総会の議事録及び**募集株式の引受けの申込みをした者全員の同意書**を添付しなければならない。 ⇒×

② 取締役会の決議により決定された払込期日を当該**払込期日の経過前に延期**した場合には，募集株式の発行による変更の登記の申請書には，払込期日の延期を決議した取締役会の議事録及び**募集株式の引受けの申込みをした者全員が当該延期につき同意したことを証する書面**を添付しなければならない。 ⇒○

払込期日の繰上げか繰下げかをチェック

思考プロセスと解説

募集株式の発行において，払込期日前に出資の履行を完了している場合に払込期日を繰り上げたときは，払込期日を繰り上げる旨の募集事項の決議機関の議事録の添付が必要となりますが，募集株式の引受人に不利益はないため，**募集株式**

の引受人の全員の同意書の添付は不要となります（昭37.6.13民甲1563号回答）。

よって

設問①の場合，株主総会議事録等を添付するのみであって，募集株式引受人全員の同意書の添付は要しません。

一方

設問②のように，募集株式の引受人が生じた後に，**払込期日を延期した場合**，払込期日を延期する旨の募集株式の決議機関の議事録に加えて，**募集株式の引受人の全員の同意書を添付**しなければなりません（昭40.1.13民甲79号回答）。

なぜなら

募集株式の引受人は払込期日に株主となるところ（会209条1項1号），**払込期日の延期は株主の地位の取得を遅らせる**ことになり，引受人にとって不利になるからです。

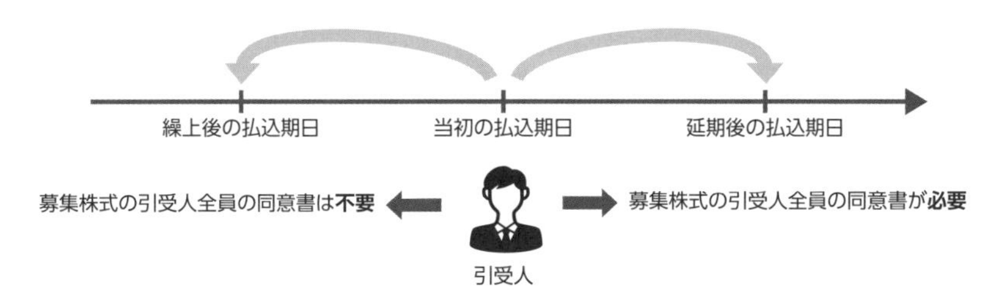

チェックポイント

1 第三者割当ての募集事項の決議機関

- **公開会社か非公開会社かをチェック**
  公開会社は取締役会決議によって募集事項の決定を行う　cf.非公開会社

2 定款の添付

- **第三者割当てか株主割当てかをチェック**
  第三者割当ての場合は，委任決議で特別決議をしていることになる場合でも定款の添付は不要　cf.株主割当て

3 払込期日の変更

- **払込期日の繰上げか繰下げかをチェック**
  繰下げ（延期）の場合，引受人全員の同意書の添付が必要

5 新株予約権

イントロダクション

新株予約権を学習する際は，募集株式との違いを意識することがポイントとなります。設問を通じて知識を比較整理していきましょう。また，新株予約権の問題では発行を行う場面なのか，新株予約権を行使する場面なのか，しっかり場合分けをして問題を解く必要があります。

1 新株予約権者となる時期

問題 1

① 募集株式の引受人は，**払込期日を定めたときは払込期日**に当該募集株式の株主となる。 ⇒○

② 新株予約権の申込者は，払込期日が割当日より後に設定されている場合でも，**割当日**に新株予約権者となる。 ⇒○

2択の決め手！ 募集株式の発行か募集新株予約権の発行かをチェック

思考プロセスと解説

設問①のように，募集株式の引受人は，払込期日を定めたときは**払込期日**に当該募集株式の株主となり，払込期間を定めたときは**出資の履行をした日**に当該募集株式の株主となります（会209条1項）。

一方

設問②の募集新株予約権の割当てを受けた者は，その**割当日**に新株予約権者となります（会245条1項）。

ただし

払込みをしなければ，当該募集新株予約権を行使することはできません（会246条3項）。

よくある 質問

Q ストックオプションとはどのようなものでしょうか？

ストックオプションとは，役員や従業員に対する報酬として付与される新株予約権のことです。企業の業績が良くなり株価が上がると，値上がりした自社株を将来的に手に入れることができる仕組みになっているので，役員や従業員の士気を高めることができるのです。

2 相殺の可否――募集株式との比較

問題 2

① **募集株式の引受人**は，株式会社の承諾を得た場合であっても，募集株式と引換えに金銭を払い込む債務と株式会社に対する債権とを**相殺**することができない。 ⇒○

② **募集新株予約権**の申込みをした者は，**株式会社の承諾を得た**場合であっても，募集新株予約権と引換えに金銭を払い込む債務と株式会社に対する債権とを**相殺**することができない。 ⇒×

2択の決め手！ 募集株式の発行か募集新株予約権の発行かをチェック

思考プロセスと解説

募集株式の引受人は，募集株式に係る払込み又は給付をする債務と株式会社に対する債権とを相殺することができません（会208条1項，3項）。

一方

募集新株予約権と引換えに金銭を払い込む行為は，**新株予約権という債権に対する履行**であることから，**会社の承諾があれば**，設問②のような新株予約権者の側からの相殺を認めてもよいということになります（会246条2項）。

● **募集株式の発行・新株予約権の発行・新株予約権の行使の比較**

	募集株式の発行	新株予約権の発行	新株予約権の行使
相殺の可否	不　可	承諾があれば可	不　可
検査役の調査の要否	必　要	不　要	必　要
効力発生日	期日：払込期日 期間：出資履行日	割当日	行使日

よくある **質問**

Q 上記の表がなかなか覚えられません。

相殺の禁止と**検査役の調査**は，株式発行の場面の規定ということを押さえておきましょう。そのため，株式を発行しない**新株予約権の発行**では適用がありませんが，株式を発行する**新株予約権の行使**では適用があります。

チェックポイント

1 新株予約権者となる時期

・**募集株式の発行か募集新株予約権の発行かをチェック**
　募集新株予約権の申込者は，割当日に新株予約権者となる

2 相殺の可否――募集株式との比較

・**募集株式の発行か募集新株予約権の発行かをチェック**
　募集新株予約権に係る新株予約権者は，株式会社の承諾を得て，当該募集新株予約権の払込金額の払込みに代えて，当該株式会社に対する債権をもって相殺することができる　cf.募集株式の発行

会社法・商業登記法　第３編

機　関

6 株主総会

イントロダクション

ここでは，株主総会について取り扱っていきます。決議要件の計算が苦手な方が多いですが，設問を通じて決議要件をしっかりと理解しておきましょう。株主総会の招集手続の問題では，公開会社・非公開会社のどちらなのかなど，しっかりと場合分けを意識して解答する癖を付けましょう。

1 株主総会の決議要件

問題 1

種類株式発行会社でない甲株式会社において，株主Ａが200株，株主Ｂが180株，株主Ｃが100株，株主Ｄが40株，株主Ｅが20株をそれぞれ保有し，そのほかに株主が存しない場合における株主総会の決議に関する次の①②につき，正誤を判断せよ。なお，いずれの株主総会の決議においても，議決権を行使することができる株主の全員が出席し，かつ，議決権の不統一行使はされていないものとする。

① **全部の株式の内容として譲渡による当該株式の取得について当該株式会社の承認を要する旨の定款の定めを設ける定款の変更**を行う株主総会の決議において，Ａ及びＢのみが賛成する場合は当該決議が有効に成立する。 ⇒✕

② 甲株式会社が会社法上の公開会社でない場合に，残余財産の分配を受ける権利に関する事項につき**株主ごとに異なる取扱いを行う旨の定款の定めを設ける定款の変更**を行う株主総会の決議において，Ａ，Ｂ及びＥのみが賛成する場合は当該決議が有効に成立する。 ⇒✕

属人的権利の定めの決議要件に注意

思考プロセスと解説

全部の株式の内容として株式の譲渡制限に関する規定を設定する場合，株主総会の**特殊決議（議決権を行使することができる株主の半数以上であって，当該株主の議決権の３分の２以上に当たる多数**）によって定款の変更をする必要があります（会309条３項１号）。設問①の場合，株主（５名）の半数以上（３名以上）が賛成しているわけではないため，決議は可決されません。

そして

非公開会社が残余財産の分配に関する事項について株主ごとに異なる取扱いを行う旨の定款の定め（属人的権利の定め）を設ける場合（会109条２項，105条１項２号），**株主総会の特殊決議（総株主の半数以上であって，総株主の議決権の４分の３以上に当たる多数**）による必要があります（会309条４項）。設問②の場合，総株主の議決権（540個）の４分の３以上（405個以上）が賛成しているわけではないため，決議は可決されません。

これは

定款に株主ごとに異なる扱いを行う旨の属人的定めを定める場合には，株主平等原則という大原則の例外を定めるものであるため，平等に株式の譲渡制限がかかる設問①よりも，**決議要件がより厳格**になっているのです。

● 普通決議のポイント

会社法309条１項　株主総会の決議は，……，議決権を行使することができる株主の**議決権の過半数を有する株主が出席**し，**出席した当該株主の議決権の過半数**をもって行う。

・定足数：議決権の過半数を有する株主の出席
・可決要件：出席株主の議決権の過半数

● 特別決議のポイント

会社法309条２項　……議決権を行使することができる株主の**議決権の過半数**（……）**を有する株主が出席し，出席した当該株主の議決権の３分の２**（……）**以上**に当たる多数をもって行わなければならない。……。

・定足数：議決権の過半数を有する株主の出席
・可決要件：出席株主の議決権の３分の２以上

● 特殊決議のポイント

会社法309条3項　……議決権を行使することができる**株主の半数以上**(……)であって，**当該株主の議決権の3分の2**(……)**以上**に当たる多数をもって行わなければならない。
・定足数：なし ・可決要件：株主の半数以上で，かつ当該株主の議決権の3分の2以上

● 特殊決議（属人的権利の定め）のポイント

会社法309条4項　……**総株主の半数以上**(……)であって，**総株主の議決権の4分の3**(……)**以上**に当たる多数をもって行わなければならない。
・定足数：なし ・可決要件：総株主の半数以上で，かつ総株主の議決権の4分の3以上 ※議決権を行使することができない者も含む点に注意。

2 株主総会の招集の通知

問題2

① 会社法上の**公開会社**である株式会社においては，株主総会に出席しない株主が書面又は電磁的方法によって議決権を行使することができる旨を定めたかどうかを問わず，取締役は，株主総会の日の2週間前までに，株主に対して株主総会の招集の通知を発しなければならない。 ⇒○

② 会社法上の**公開会社でない取締役会設置会社**の株主総会においては，株主総会に出席しない株主が書面又は電磁的方法によって議決権を行使することができる旨を定めたかどうかを問わず，取締役は，株主総会の日の2週間前までに，株主に対して株主総会の招集の通知を発しなければならない。 ⇒×

公開会社か非公開会社かをチェック

思考プロセスと解説

設問①のような公開会社では，会社と株主間の連絡が緊密であるとはいえないため，**必要期間は２週間**が要求されます。

一方

設問②のような非公開会社では，株主が固定されており，会社と株主間の連絡が緊密であるため，**必要期間は１週間**が基本となります。

なお

非公開会社であっても，書面等による議決権行使を認める場合は，株主総会参考書類の情報だけで議決権行使を考える株主に**十分な考慮期間を与えるため，必要期間は２週間**となります。

● 招集通知を出す時期（会299条1項）

非公開会社	非取締役会設置会社	原則：株主総会の日の１週間前まで ※ 定款で短縮することができる 例外：書面投票を認める場合は，株主総会の２週間前まで
	取締役会設置会社	原則：株主総会の日の１週間前まで ※ 定款で短縮することができない 例外：書面投票を認める場合は，株主総会の２週間前まで
公開会社	取締役会設置会社	株主総会の日の２週間前まで

チェックポイント

1 株主総会の決議要件

・属人的権利の定めの決議要件に注意

属人的権利の定めの決議要件は総株主の半数以上であって，総株主の議決権の4分の3以上に当たる多数

2 株主総会の招集の通知

・公開会社か非公開会社かをチェック

公開会社では，必要期間は2週間となる　cf.非公開会社

7 役員等

イントロダクション

ここでは，機関設計をはじめとして取締役の違法行為差止請求や書面による決議の省略など，学習していて知識を混同しやすいものをまとめて押さえていきます。特に，社外取締役や会計監査人は択一式問題だけでなく，記述式問題でも正確な知識が要求されます。設問を通じて理由付けをしながら知識を固めていきましょう。

1 機関設計

問題 1

① 取締役会設置会社は，**会社法上の公開会社でない会計参与設置会社**であり，かつ，監査等委員会設置会社及び指名委員会等設置会社でない場合であっても，**監査役**を置かなければならない。 ⇒✕

② **会計監査人設置会社**は，会社法上の公開会社でない会計参与設置会社である場合であっても，監査等委員会設置会社及び指名委員会等設置会社であるときを除き，**監査役**を置かなければならない。 ⇒〇

2択の決め手！ 監査役の設置義務に着目

思考プロセスと解説

取締役会設置会社（監査等委員会設置会社及び指名委員会等設置会社を除く）は，監査役を置かなければなりません（会327条2項本文）。ただし，設問①のように取締役会設置会社であっても，**非公開会社で会計参与設置会社である場合**には，**監査役を置かないことが可能**です（会327条2項但）。

なぜなら

非公開会社は監査役の権限を会計監査に限定することが認められており（会389条1項），監査役に最低限要求されるのは会計監査の仕事なので，監査役を置かなくても，会計のプロである会計参与を置き，計算書類の作成をさせれば十分だからです。

そして

会計監査人設置会社は，監査等委員会設置会社及び指名委員会等設置会社である場合を除き，**監査役を置かなければなりません**（会327条3項）。よって，設問②の場合は監査役を必ず置かなければなりません。

2 社外取締役

問題 2

① 株式会社の業務執行取締役であった者は，その退任後当該株式会社又は子会社の業務執行取締役等になることなく，**11年が経過**しているときは，**社外取締役**に就任することができる。 ⇒○

② 株式会社の取締役に就任した者が，その就任の**7年前**に当該株式会社の監査役であり，監査役の就任の**8年前**に当該株式会社の業務執行取締役であったときは，社外取締役として就任することはできない。 ⇒○

①業務執行取締役を退任してから10年経過しているかチェック
②退任後から10年以内に他の役職に就任していないかチェック

思考プロセスと解説

業務執行者が退任してから10年が経過すれば，会社との関係が希薄になり，社外取締役の監査・監督機能を実効的に果たすことが期待できます。

そこで，設問①のように社外取締役の要件を喪失させる役職（例えば，業務執行取締役）に過去に就任したことがある場合であっても，**退任後10年が経過**しているときは，**社外取締役に就任することができる**のです（会2条15号イ）。

しかし

設問②のように，社外取締役の要件を喪失させる役職の退任後10年が経過している場合であっても，その退任後から10年以内の期間において，他の役職（例えば，監査役）に就任したことがあるときは，**当該他の役職の退任から10年が経過した後でなければ**，社外取締役に就任することができません（会2条15号ロ）。

なぜなら

この場合は，社外取締役の監査・監督機能を十分に果たすことができるほど業務執行者との関係が希薄化したということはできないからです。

3 取締役の違法行為差止請求

問題 3

① **公開会社**において，株主は，株式会社に**回復できない損害**が生じるおそれがあるときに限り，取締役の違法行為差止請求権を行使することができる。 ⇒○

② **監査役を置く取締役会設置会社で，かつ，監査役の監査の範囲を会計に関するものに限定する旨の定款の定めがある会社**において，代表取締役が株式会社の目的の範囲外の行為をした場合において，**株主が**代表取締役に対し当該行為をやめることを請求するには，当該行為によって会社に著しい損害が生ずるおそれがあるだけでは足りず，**会社に回復することができない損害**が生ずるおそれがあるときでなければならない。 ⇒×

2択の決め手！ 監査役設置会社か非監査役設置会社かをチェック

思考プロセスと解説

監査役設置会社，監査等委員会設置会社，指名委員会等設置会社の場合は，**株主は**，株式会社に**「回復することができない損害」が生じるおそれがあるときに限り**，取締役の違法行為差止請求権を行使することができます（会360条3項）。

そして

設問①の会社は，公開会社であるため，取締役会及び監査役の設置義務があります。よって，株主は，株式会社に回復できない損害が生じるおそれがあるときに限り，取締役の違法行為差止請求を行使することができます。

一方

設問②のように，監査役設置会社，監査等委員会設置会社又は指名委員会等設置会社でない株式会社において，株主が取締役に対し差止請求を行使するには，当該行為によって**会社に著しい損害が生ずるおそれがあれば足ります**（会360条参照）。

● 株主による差止請求の要件の比較

非監査役設置会社	監査役設置会社
著しい損害が生じるおそれ	回復できない損害が生じるおそれ

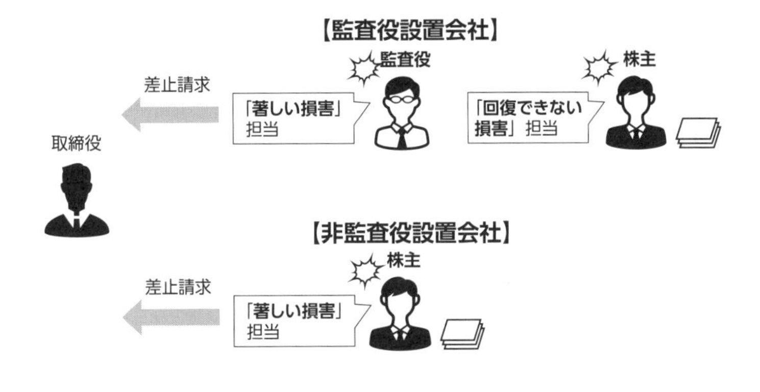

会社法・商業登記法　第3編　機関

4 書面による決議の省略

問題 4

① **取締役会**について，定款で**書面による決議の省略**を可能とすることができる。 ⇒○

② **監査役会**について，定款で**書面による決議の省略**を可能とすることができる。 ⇒×

取締役会か監査役会かをチェック

思考プロセスと解説

設問①の取締役会設置会社においては，**定款の定めがあれば**，取締役全員が書面により，議案に同意する意思表示をしたときは，その議案を可決した取締役会があったものとみなすことができます（会370条）。これは，迅速な意思決定をしてビジネスチャンスを逃さないためです。

ただし

監査役設置会社において，監査役がその議案について異議を述べたときは，みなし決議をすることはできません（会370条括）。これは，監査役の関与なく取締役会が成立したとなると，**監査役の監査権限が形骸化してしまう**からです。

一方

監査役会について，**定款でみなし決議による決議の省略を可能とすることはできません**。監査役会の目的は監査役相互の情報共有にあるところ，監査役会の開催の省略を認めると，監査役会を設けた意味がなくなってしまうからです。

● 招集手続の省略とみなし決議の比較　　○：省略可　×：省略不可

	株主総会	取締役会	監査役会
招集手続の省略	○ 株主全員同意	○ 取締役・監査役の同意	○ 監査役全員の同意
みなし決議	○ 株主全員の書面による同意	○ (1) 定款の定め (2) 取締役全員の書面の同意 (3) 監査役の異議がないこと	×

チェックポイント

1 機関設計

・**監査役の設置義務に着目**

取締役会設置会社であっても，非公開会社で会計参与設置会社である場合には，会計監査人設置会社でない限り，監査役を置かないことができる

2 社外取締役

①業務執行取締役を退任してから10年経過しているかチェック

②退任後から10年以内に他の役職に就任していないかチェック

社外取締役の要件を喪失させる役職の退任後10年が経過している場合であっても，その退任後，取締役に就任する10年以内の期間において，他の役職に就任したことがあるときは，当該他の役職等の退任から10年が経過した後でなければ，社外取締役に就任することができない

3 取締役の違法行為差止請求

・**監査役設置会社か非監査役設置会社かをチェック**

監査役設置会社の場合，株主は，株式会社に回復できない損害が生じるおそれがあるときに限り，取締役の違法行為差止請求が可能

4 書面による決議の省略

・**取締役会か監査役会かをチェック**

取締役会は定款でみなし決議による決議の省略を可能とすることができる　cf. 監査役会

8 役員等に関する登記

イントロダクション

ここでは，役員変更登記に係る印鑑証明書や，本人確認証明書などを取り扱っていきます。印鑑証明書については，「就任承諾書に係る印鑑証明書」「選定議事録に係る印鑑証明書」を整理して学習する必要があります。本人確認証明書なども，やみくもに覚えるのではなく，添付する理由などの制度趣旨を理解しながら学習しましょう。この分野が理解できると記述式問題の得点も伸ばすことができます。頑張りましょう。

1 就任承諾を証する書面

問題 1

① 取締役会設置会社でない株式会社において**株主総会の決議**により当該会社の取締役の中から代表取締役を選定した場合，代表取締役の就任による変更の登記を申請するときは，当該登記の申請書には，**就任承諾書**を添付しなければならない。 ⇒✕

② 取締役会設置会社でない株式会社において，定款の定めに基づく**取締役の互選**によって代表取締役が選定された場合，代表取締役の就任による変更の登記の申請書には，**就任承諾書**を添付しなければならない。 ⇒〇

2択の決め手！ 直接選定方式か間接選定方式かをチェック

思考プロセスと解説

非取締役会設置会社において，代表取締役の選定について，**直接選定方式**は株主総会決議又は定款により選定された場合を指し，**間接選定方式**は定款の定めに基づく取締役の互選により選定された場合を指します。

まず

直接選定方式によって選定された場合には，**実体上，就任承諾は不要**となりますので，設問①では就任承諾書の添付は不要です。

そして

設問②の定款の定めに基づく取締役の互選は，**間接選定方式に該当**しますので，非取締役会設置会社において，取締役の互選によって代表取締役が選定された場合，代表取締役の就任による変更の登記の申請書には，**就任承諾書を添付**しなければなりません。

● **代表取締役の就任における就任承諾(書)の要否**

取締役会設置会社	非取締役会設置会社			
	各自代表	定　款〔直接選定〕	定款に基づく取締役の互選〔間接選定〕	株主総会決議〔直接選定〕
必　要	不　要	不　要	必　要	不　要

よくある 質問

Q 非取締役会設置会社では，なぜ選定方法によって代表取締役の就任承諾の要否が異なるのですか？

まず，非取締役会設置会社における直接選定方式とは，株主総会決議又は定款により，代表取締役が株主によって直接選定される場合をいいます。次に，間接選定方式とは，定款の定めに基づく取締役の互選により代表取締役が間接的に選定された場合をいいます。
直接選定方式は，実は，代表取締役でない取締役から代表権を剥奪するものです。選定した者に新たに代表権を与えるものではない以上，委任契約の申込みに当たる意思表示が存在しないため，これを前提とする就任承諾も要求されません。
間接選定方法は，まず，取締役が有する代表権を剥奪した上で，定款の定めに基づく取締役の互選によって特定の取締役についてだけ，代表権の委任契約を締結し，その取締役についてのみ代表権を付与するものです。そのため，就任承諾が必要となります。

【直接選定】

委任契約なし

剥奪

代表権　代表権

取締役

【間接選定】

委任契約あり

剥奪

代表権　代表権

取締役

代表権

取締役の互選による代表権の委任

2 選定議事録に係る印鑑証明書

問題 2

① 取締役会設置会社において，取締役会の決議により代表取締役を選定した場合において，**取締役会の議事録に変更前の代表取締役が，登記所に提出している印鑑を押しているときは**，代表取締役の変更の登記の申請書には，取締役会の議事録に押された出席取締役及び出席監査役の印鑑につき市区町村長の作成した印鑑証明書を添付することを要しない。 ⇒**O**

② 取締役を辞任したことにより代表取締役を退任したAの後任として，新たに代表取締役に選定されたBの代表取締役の就任による変更の登記の申請書には，当該申請書に添付された取締役会議事録に**Aが登記所に提出している印鑑と同一の印鑑をBが押印しているときは**，当該議事録に押印した取締役及び監査役の印鑑につき市区町村長の作成した印鑑証明書を添付することを要しない。 ⇒**✕**

従前の代表取締役が押印しているかチェック

思考プロセスと解説

取締役会の決議によって代表取締役を選定した場合には，出席した取締役及び監査役が取締役会の議事録に押印した選定議事録に係る印鑑証明書を添付しなければなりません（商登規61条6項3号）。ただし，設問①のように，**選定議事録に従前の代表取締役が登記所に提出している印鑑を押している**ときは，選定議事録に係る**印鑑証明書の添付は不要**となります（商登規61条6項柱書但）。

しかし

設問②では，**前任者Ａではなく，新任者Ｂが登記所届出印を押している**ため，商業登記規則61条6項柱書ただし書の適用はありません。

よって

設問②の登記の申請書には，取締役会議事録に押された取締役及び監査役の印鑑につき印鑑証明書を添付しなければなりません。Ａの登記所届出印と同一の印鑑であっても，**従前の代表取締役Ａが押印しなければ無意味**だからです。

● **代表取締役の就任登記における選定議事録に係る印鑑証明書の要否**（商登規61条6項）

取締役会設置会社	非取締役会設置会社			
	各自代表	定　款	定款に基づく取締役の互選	株主総会決議
必　要	―*	必　要	必　要	必　要

＊　取締役の就任の登記において必要となる。

3 就任承諾書に係る印鑑証明書

問題 3

① **取締役会設置会社**において，代表取締役を定めた場合には，当該代表取締役の就任による変更の登記の申請書には，当該**代表取締役の就任承諾書**に押印された印鑑につき市区町村長が作成した印鑑証明書を添付しなければならない。 ⇒○

会社法・商業登記法　第3編　機関

② **取締役会設置会社以外**の会社において，定款の定めに基づく取締役の互選によって代表取締役を定めた場合には，当該代表取締役の就任による変更の登記の申請書には，当該**代表取締役の就任承諾書**に押印された印鑑につき市区町村長が作成した印鑑証明書を添付しなければならない。

⇒✕

2択の決め手！ 取締役会設置会社か非取締役会設置会社かをチェック

思考プロセスと解説

取締役会設置会社の場合，代表取締役の就任による変更の登記において**代表取締役の**就任承諾書に係る印鑑証明書を添付しなければなりません（商登規61条4項後段，5項）。

一方

非取締役会設置会社の場合，取締役の就任による変更の登記において**取締役の**就任承諾書に係る印鑑証明書を添付しなければなりません（商登規61条4項後段）。

なぜなら

非取締役会設置会社では，**取締役の各自が代表権を有するのが原則**であるため（各自代表でない場合でも，いったんは代表権を有することになります），取締役の就任による変更の登記の段階で就任承諾書に係る印鑑証明書を添付する必要があるからです。

● **代表取締役の就任登記における就任承諾書に係る印鑑証明書の要否**（商登規61条4項，5項）

取締役会設置会社	非取締役会設置会社			
	各自代表	定　款	定款に基づく取締役の互選	株主総会決議
必　要	－	不　要*	不　要*	不　要*

＊ 取締役の就任の登記の段階で就任承諾書に係る印鑑証明書をすでに添付しているため。

4 本人確認証明書

問題4

① 取締役会設置会社において，新たにAが取締役に就任したことによる取締役の変更の登記の申請書に**Aの住民票の写しを添付**した場合には，Aが就任を承諾したことを証する書面にその住所を記載することを要しない。 ⇒✕

② 株主総会の決議によって新たに選任された取締役が席上で就任を承諾した場合において，当該取締役の就任による変更の登記を申請するときは，**株主総会議事録に当該取締役の住所の記載がない**ときであっても，就任承諾書として当該株主総会議事録の記載を援用することができる。 ⇒✕

2択の決め手！ 本人確認証明書の趣旨に着目

思考プロセスと解説

取締役・監査役・執行役の就任の登記を申請する場合には，虚無人登記を防ぐ趣旨で，就任承諾書に記載した氏名・住所と同一の氏名・住所が記載されている公文書（本人確認証明書）を添付する必要があります（商登規61条7項）。**公文書の氏名・住所と就任承諾書に記載されている氏名・住所を照合し，本人の実在性を確認する趣旨**です。そのため，設問①のように，就任承諾書の住所の記載を省略することはできません。

そして

本人確認証明書の添付が要求される場合に，設問②のように株主総会議事録の記載を就任承諾書として援用するためには，その**株主総会議事録に，選任された者の住所が記載されていなければなりません**（平27.2.20民商18号通達）。

なぜなら

本人確認証明書である住民票の写し等の公文書と，就任承諾書に記載されている氏名及び住所を照合して本人確認を行う場合と同じように，**照合先となる住所**

が株主総会議事録に記載されている必要があるからです。

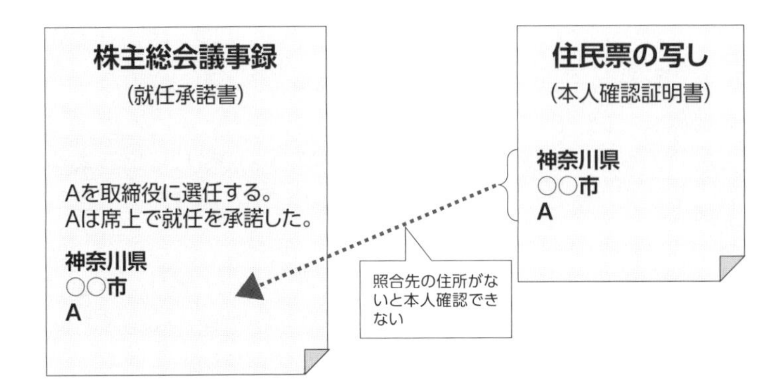

チェックポイント

1 就任承諾を証する書面

・**直接選定方式か間接選定方式かをチェック**

直接選定方式によって代表取締役が選定された場合は，就任承諾書は不要

2 選定議事録に係る印鑑証明書

・**従前の代表取締役が押印しているかチェック**

選定議事録には従前の代表取締役が押印しなければ選定議事録に係る印鑑証明書の添付を省略することはできない

3 就任承諾書に係る印鑑証明書

・**取締役会設置会社か非取締役会設置会社かをチェック**

取締役会設置会社においては，代表取締役の就任承諾書に係る印鑑証明書を添付しなければならない　cf. 非取締役会設置会社

4 本人確認証明書

・**本人確認証明書の趣旨に着目**

本人確認証明書の添付が必要な場合に，株主総会議事録の記載を就任承諾書として援用をする場合，議事録に選任された者の住所が記載されていなければならない

会社法・商業登記法　第４編

計　算

9 計　算

イントロダクション

計算の分野では，特に資本金と準備金が重要となります。両者の違いを意識して学習しましょう。資本金は債権者の唯一の引当てとなる財産なので，減少する際に債権者保護手続を省略できるケースはありません。記述式問題にも直結する知識なので，気合いを入れて学習しましょう。

1 計算書類

問題 1

① **株式会社の債権者**は，当該株式会社の営業時間内は，**いつでも**，計算書類又は計算書類の写しの閲覧の請求をすることができる。 ⇒○

② 株式会社の**親会社社員**は，当該株式会社の営業時間内は，**いつでも**，その請求の理由を明らかにして，当該株式会社の計算書類又は計算書類の写しの閲覧の請求をすることができる。 ⇒×

2択の決め手！ 債権者か親会社社員かをチェック

思考プロセスと解説

設問①のように，**株主及び債権者**は，計算書類については，**いつでも閲覧等を請求することができます**（会442条3項1号）。これは，株主及び債権者が会社の財政状態に強い利害関係を有するため，いつでも閲覧等を請求することができるとしているのです。

一方

設問②の株式会社の親会社社員は，その権利を行使するため必要があるときは，**裁判所の許可を得て**，当該株式会社の計算書類の閲覧の請求をすることができるとされており，いつでも請求ができるわけではありません。(会442条4項，3項1号)。

このように

親会社社員の閲覧等の権利を制限しているのは，**親会社社員の地位を濫用**した**計算書類の閲覧等を防止**するためです。

● **閲覧等の要件**（会433条，442条）

	会計帳簿	計算書類
株　　主	総株主の議決権の100分の3以上の議決権を有する株主，又は発行済株式(自己株式を除く)の100分の3以上の数の株式を有する株主	いつでも
債権者	不　可	いつでも
親会社社員	(1)　権利を行使するため必要があること，かつ (2)　裁判所の許可を得ること	

2 資本金の額の減少と準備金の額の減少

問題 2

① 株式会社における**資本金の額の減少**に関して，**定時株主総会の決議により資本金の額を減少し，その減少額の全部を準備金**とするときであっても，債権者保護手続が必要となる ⇒○

② 株式会社における**準備金の額の減少**に関して，**定時株主総会の決議**により準備金の額を減少し，かつ，その減少額が当該定時株主総会の日における欠損の額として法務省令で定める方法により算定される額を超えない場合において，その減少額の一部を資本金とするときは，債権者保護手続が必要となる。 ⇒×

2択の決め手! 資本金の額の減少か準備金の額の減少かをチェック

思考プロセスと解説

株式会社は，設問①のように，資本金の額の減少をする場合には，例外なく債権者保護手続を行わなければなりません（会449条1項柱書本文）。

そして

準備金の額の減少をする場合においても，原則として，債権者保護手続を行わなければなりません（会449条1項参照）。

しかし

設問②のように，Ⅰ．準備金の額のみを減少し，Ⅱ．定時株主総会において定め，Ⅲ．減少する準備金の額が定時株主総会における欠損額を超えない場合においては，債権者保護手続を省略することができます（会449条1項但）。

● 債権者保護手続の要否

	資本金の額の減少	準備金の額の減少
原　則	必要（会449）	必要（会449）
例　外		以下の場合は不要（会449 Ⅰ） (1)　減少する準備金の額の全部を資本金とする場合 (2)　準備金のみを減少＋定時株主総会において定める＋減少する準備金の額が定時株主総会における欠損額を超えない場合

チェックポイント

1 計算書類

・債権者か親会社社員かをチェック

株式会社の親会社社員は，その権利を行使するため必要があるときは，裁判所の許可を得て，当該株式会社の計算書類の閲覧の請求をすることができる

2 資本金の額の減少と準備金の額の減少

・資本金の額の減少か準備金の額の減少かをチェック

資本金の額の減少については，債権者保護手続を省略できる場合は存在しない　cf. 準備金の額の減少

会社法・商業登記法　第５編

解散・清算

10 解散・清算

イントロダクション

解散・清算の場面では，清算株式会社のできる行為・できない行為をしっかりと判断する必要があります。会社が行っている行為が企業継続を前提としているかチェックするようにしましょう。また，添付書面では，定款についての出題が頻出ですので株式会社と持分会社を比較して，知識を整理しておきましょう。

1 清算株式会社における行為の可否

問題 1

① 清算株式会社は，**資本金の額の減少，株式交換及び株式移転**をすることはできない。 ⇒○

② 清算株式会社は，**募集株式の発行**をすることはできない。 ⇒×

2択の決め手! 会社が行っている行為が企業継続を前提としているかチェック

思考プロセスと解説

清算株式会社は，清算の目的の範囲内でのみ存続するものとみなされ，**事業活動は清算目的のために行われるものに限られる**ため，企業継続を前提とした行為はできません。

↓ よって

設問①の資本金の額の減少，株式交換及び株式移転はすることができませんが，設問②の**募集株式の発行**は，企業継続を前提とせずに，**清算資金の調達を目的**として行われ得るため，することができます。

● 清算株式会社における行為の可否

できる行為	できない行為
①　自己株式の無償取得 ②　募集株式の発行 ③　社債の発行 ④　支配人の選任・解任	❶　自己株式の有償取得 ❷　剰余金の配当 ❸　資本金・準備金の増加・減少 ❹　清算株式会社を存続会社とする合併 ❺　清算株式会社を承継会社とする会社分割 ❻　株式交換・株式移転

2 定款の添付の要否

問題 2

①　株主総会の決議により解散し，かつ，清算人が選任された清算人会設置会社でない**株式会社**が解散及び清算人の登記を申請する場合においては，当該登記の申請書には，定款を添付しなければならない。

⇒○

②　**持分会社**が解散し，社員の過半数の同意によって定める者が清算人になった場合，清算人の登記の申請書には，定款を添付しなければならない。

⇒✕

2択の決め手！　株式会社か持分会社かをチェック

思考プロセスと解説

株式会社における最初の清算人の登記で定款の添付が要求されるのは，Ⅰ．**清算人会設置会社の定めの有無を確認**するほか，Ⅱ．**定款における清算人の定めの有無を確認**するためです。

そのため

設問①のように，株主総会により清算人が選任された場合のような，定款の定めの有無が関係ない方式により清算人が就任した場合であっても，結局，清算人会設置会社の定めの有無を確認するため，**必ず定款の添付が必要**となります（商登73条1項）。

一方

持分会社においては清算人会を置くことはないため，前ページのⅡのみをチェックするために定款の添付が問題となります。**社員の過半数の同意によって清算人を定める場合**は，定款の有無に影響されないため，Ⅱをチェックする必要もないことから，**定款の添付は不要**です（商登99条1項参照）。

● **清算人となる者**（会478条）

Ⅰ	ⓐ定款で定める者 ⓑ株主総会の決議によって選任された者
Ⅱ	取締役（法定清算人）
Ⅲ	裁判所により選任された者

※Ⅰ～Ⅲの順に清算人となる。

定款

☑清算人会を設置している？ していない？

登記官

☑定款で清算人が定められている？ それがなくて法定清算人？

チェックポイント

1 清算株式会社における行為の可否

・**会社が行っている行為が企業継続を前提としているかチェック**

募集株式の発行は可能　cf.資本金の額の減少，株式交換及び株式移転

2 定款の添付の要否

・**株式会社か持分会社かをチェック**

株式会社の清算人の登記の申請書には，必ず定款を添付しなければならない

会社法・商業登記法　第６編

持分会社

11 持分会社

イントロダクション

持分会社の分野を攻略するためには，持分会社相互間の比較の観点で知識を整理することがポイントになります。持分会社に関する登記では，持分会社の登記事項が混乱しやすい箇所になります。各持分会社の責任の違いから登記事項を記憶すると効率的です。持分の譲渡についても同様に，無限責任社員・有限責任社員のどちらなのかに着目しながら知識を整理していきましょう。

1 持分会社の出資の履行

問題 1

① **合名会社又は合資会社**を設立しようとする場合には，その社員になろうとする者は，定款の作成後，設立の登記をする時までに，その出資に係る金銭の全額の払込み及び金銭以外の財産の全部の給付をしなければならない。 ⇒×

② **合同会社**を設立しようとする場合には，その社員になろうとする者は，定款の作成後，設立の登記をする時までに，その出資に係る金銭の全額の払込み及び金銭以外の財産の全部の給付をしなければならない。 ⇒○

持分会社の種類に着目

思考プロセスと解説

設問①のように合名会社又は合資会社を設立する場合，社員になる者は，必ずしも設立登記時までに出資の履行を完了する必要はありません。すなわち，**出資の履行を会社成立後にしても問題ありません。**

なぜなら

合名会社・合資会社の社員は直接責任を負うため，会社に出資金を払い込んでいなくても，**会社債権者は社員に対して直接請求できる**からです。

それに対して

設問②のように合同会社を設立する場合，社員になる者は，設立登記時までに，その出資に係る金銭の全額を払い込まなければなりません（会578条）。これは，合同会社の社員の間接有限責任を確保するため，**社員となる時点で出資を完全に履行しなければならない**からです。

2 持分会社の登記事項

問題 2

① **合名会社及び合資会社**においては，**社員の氏名又は名称及び住所**が登記すべき事項とされている。 ⇒○

② **合同会社**においては，**社員の氏名又は名称及び住所**が登記すべき事項とされている。 ⇒×

2択の決め手！ 持分会社の責任の性質に着目

思考プロセスと解説

設問①の合名会社及び合資会社においては，**社員の氏名又は名称及び住所**が登記すべき事項とされています（会912条5号，913条5号）。

なぜなら

合名会社及び合資会社の社員は直接責任を負うため，債権者に責任の追及先がわかるようにするためです。

一方

設問②の**合同会社の社員の責任は間接責任にとどまる**ため，社員の氏名又は名称及び住所は登記事項となりません。なお，**合同会社**においては，**業務執行社員の氏名又は名称**が登記すべき事項とされています（会914条6号）。

● 持分会社の登記事項（持分会社共通のもの以外）

合名会社・合資会社共通	・社員の氏名，名称及び住所 ・代表社員の氏名，名称（会社を代表しない社員がある場合のみ）*
合資会社のみ	・社員が有限責任社員又は無限責任社員のいずれであるかの別 ・有限責任社員の出資の目的及び価額並びにすでに履行した出資の価額
合同会社のみ	・資本金の額 ・業務執行社員の氏名，名称 ・代表社員の氏名，名称及び住所

＊　代表しない社員が退社したことにより，代表しない社員がいなくなった場合，代表社員の氏名（名称）の登記の抹消を申請しなければならない（登記研究170号）。

よくある質問

Q　持分会社の登記事項がなかなか覚えられません。

合名会社の社員の責任は「直接無限責任」，合資会社の社員の責任は「直接無限責任」･「直接有限責任」，合同会社の社員の責任は「間接有限責任」です。この社員の責任の性質から上記の登記事項を整理しましょう。

● 直接責任と間接責任の区別

合名会社及び合資会社の社員は直接責任を負うため，債権者に責任の追及先がわかるように，社員の全員について氏名・名称及び住所を登記しなければなりません。それに対して，合同会社の社員の責任は間接責任にとどまるため，このように社員の全員の氏名・名称及び住所を登記する必要はありません。

● 無限責任と有限責任

合資会社の有限責任社員は出資の価額の限度で責任を負うことになるため，「出資の目的及び価額並びにすでに履行した出資の価額」を登記しなければなりませんが，これは無限責任社員しかいない合名会社においては登記事項になりません。また，合同会社の社員は全員が有限責任であるため，債権者にとって会社財産が唯一の引当て財産になることから，株式会社と同様に「資本金の額」が登記事項になります。

3 持分会社の持分譲渡

問題 3

① 合資会社の無限責任社員が持分全部を譲渡して退社し，これを譲り受けた者が無限責任社員として入社する場合における**無限責任社員の退社及び入社**の登記の申請書には，その譲渡につき**総社員の同意があったことを証する書面**を添付しなければならない。 ⇒○

② **合資会社の業務を執行しない有限責任社員の持分の全部の譲渡**による変更の登記の申請書には，定款に別段の定めがある場合を除き，その譲渡につき**総社員の同意があったことを証する書面**を添付しなければならない。 ⇒×

譲渡している社員の責任の態様をチェック

思考プロセスと解説

設問①のように，**持分会社の社員**は，**他の社員の全員の承諾**がなければ，その持分を他人に譲渡することができないのが原則です（会585条1項）。

一方

業務執行社員でない有限責任社員は，**業務執行社員の全員の承諾**があるときは，その持分を他人に譲渡することができます（会585条2項）。

なぜなら

業務執行社員でない有限責任社員は，業務執行には関与せず，有限責任を負うのみという，株式会社の株主と似た立場であり，業務執行者の承諾のみで譲渡を認めても会社の経営には影響がないため，要件が緩和されているのです。

よって

設問②では，業務執行社員の全員の同意があったことを証する書面を添付すれば足ります（商登111条・93条）。

● 入社の事実を証する添付書面の具体的内容

新たに入社する場合	社員の持分の譲渡の場合	
	原　則	業務執行社員でない有限責任社員の持分の譲渡の場合
総社員の同意書	①　持分の譲渡契約書 ②　総社員の同意書	①　持分の譲渡契約書 ②　業務執行社員の全員の同意書 ③　変更前の定款*

*　業務執行社員でないことを証明するために，添付する。

4 持分会社の種類の変更に関する登記

問題 4

①　合名会社がその社員の全部を有限責任社員とする**定款の変更**をすることにより合同会社に種類の変更をする場合における，種類の変更後の合同会社についてする設立の登記の申請書には，**出資に係る払込み及び給付の全部を履行したことを証する書面**を添付することを要する。 ⇒○

②　合資会社の**唯一の無限責任社員の退社**により当該**合資会社が合同会社**となる定款の変更をしたものとみなされる場合における，当該種類の変更後の合同会社についてする登記の申請書には，当該社員が当該合同会社に対する**出資に係る払込み及び給付の全部を履行したことを証する書面**を添付することを要する。 ⇒✕

2択の決め手！ 持分会社の種類変更の原因をチェック

思考プロセスと解説

合名会社又は合資会社が合同会社となる定款の変更をする場合において，当該定款の変更をする持分会社の社員がその定款変更後の合同会社に対する払込みをしていないときは，定款の変更は，その**払込完了日に効力が生じます**（会640条1項）。

よって

設問①のように，合名会社がその社員の全部を有限責任社員とする定款の変更があった場合における，種類の変更後の合同会社についてする設立の登記の申請書には，**「出資に係る払込み及び給付の全部を履行したことを証する書面」の添付が必要**となります（商登105条2項2号，113条2項2号）。

一方

設問②のように，合資会社の無限責任社員が退社したことにより当該合資会社の社員が有限責任社員のみとなった場合における，種類の変更後の合同会社についてする設立の登記の申請書には，**「出資に係る払込み及び給付の全部を履行したことを証する書面」の添付は不要**です（商登113条2項2号参照，平18.3.31民商782号通達）。

なぜなら

この場合の合同会社への種類の変更は，法律上当然の効果として生じるため（会639条2項），出資の全部の履行をするための期間の猶予がないからです。そこで，**当該変更が生じた時から1か月以内に，出資に係る払込み及び給付の全部を履行すればよい**とされているのです（会640条2項本文）。

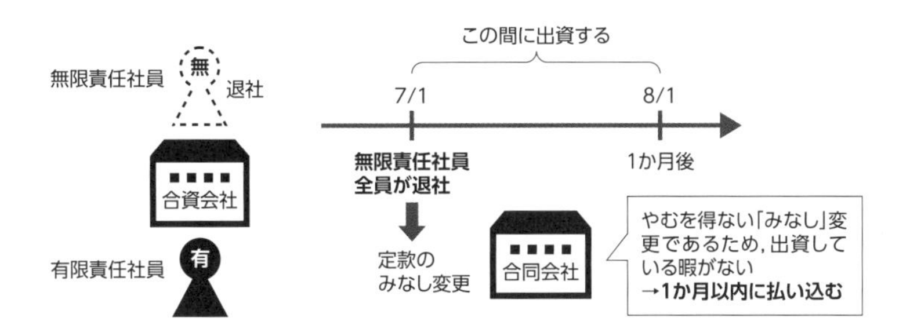

チェックポイント

1 持分会社の出資の履行

・持分会社の種類に着目

合同会社を設立する場合，社員になる者は，設立登記時までに，その出資に係る金銭の全額を払い込まなければならない　cf.合名会社・合資会社

2 持分会社の登記事項

・持分会社の責任の性質に着目

合同会社の社員の責任は間接責任にとどまるため，社員の氏名又は名称及び住所は登記事項とはならない

3 持分会社の持分譲渡

・譲渡している社員の責任の態様をチェック

持分会社の社員は，原則として，他の社員の全員の承諾がなければ，その持分を他人に譲渡することができない
cf.業務執行社員でない有限責任社員

4 持分会社の種類の変更に関する登記

・持分会社の種類変更の原因をチェック

合資会社の無限責任社員が退社したことにより当該合資会社の社員が有限責任社員のみとなった場合における，種類の変更後の合同会社についてする設立の登記の申請書には，「出資に係る払込み及び給付の全部を履行したことを証する書面」の添付は不要となる

会社法・商業登記法　第７編

組織再編等

12 組織再編等

イントロダクション

組織再編は受験生にとって鬼門となる分野であり，知識が混乱しがちです。まずは基本となる吸収合併の原則的な手続をしっかりと学習し，それを軸に他の組織再編行為に特有な事項を追加していきましょう。ここでは，組織再編の性質や承認手続について比較整理をしていき，組織再編に関する登記では，債権者保護手続を扱っていきます。

1 組織再編の性質

問題 1

① **吸収合併**をする場合には，吸収合併存続会社が吸収合併消滅会社の債務の**一部**を承継しないこととすることができる。 ⇒×

② **吸収分割**をする場合には，吸収分割承継会社が吸収分割会社の債務の**一部**を承継しないこととすることができる。 ⇒○

2択の決め手！ 組織再編行為の性質に着目

思考プロセスと解説

設問①の吸収合併は，吸収合併消滅会社の権利義務の**全部**を吸収合併存続会社に承継させるものですから（会2条27号），吸収合併存続会社が，吸収合併消滅会社の債務うち，一部を承継しないとすることは**できません**。

一方

設問②の会社分割は事業活動の**全部又は一部**を分割して承継させることであるため，吸収分割契約の内容として，承継会社が分割会社の債務の一部を承継しないこととすることが**できます**。

2 承認決議

問題 2

① **吸収合併消滅株式会社**は，種類株式発行会社でない公開会社である場合において，吸収合併に係る**対価が譲渡制限株式**であるときであっても，**株主総会の特別決議**によって，吸収合併契約の承認を受ければ足りる。 ⇒✕

② **吸収分割会社**は，種類株式発行会社でない**公開会社**である場合において，吸収分割に係る**対価が譲渡制限株式**であるときであっても，**株主総会の特別決議**によって，吸収分割契約の承認を受ければ足りる。 ⇒〇

吸収合併か吸収分割かをチェック

思考プロセスと解説

設問①のように吸収合併の対価として公開会社である消滅会社の株主に譲渡制限株式を交付する場合には，**消滅会社において株主総会の特殊決議が必要**となります（会309条3項2号）。

なぜなら

消滅会社等の株主にとっては，保有する株式が譲渡制限株式に変わることで，譲渡制限規定の設定と同様に，自由にできたはずの株式の譲渡が制限され，不利益を受けることになるからです。

一方

設問②の会社分割の対価は，**株主ではなく分割会社自体に対して交付されるため**，株主が不利益を受けるおそれはありませんので，**株主総会の特別決議**によって，吸収分割契約の承認を受ければ足ります。

● 消滅株式会社等における承認手続と添付書面（吸収型及び新設型）

<table>
<tr><th colspan="2" rowspan="2"></th><th colspan="2">合併消滅株式会社，完全子会社</th><th rowspan="2">分割株式会社</th></tr>
<tr><th>単一株式発行会社</th><th>種類株式発行会社</th></tr>
<tr><td colspan="2">原　則</td><td colspan="3">株主総会議事録（特別決議）（会783Ⅰ，804Ⅰ）</td></tr>
<tr><td rowspan="2">例外</td><td>対価が譲渡制限株式等</td><td>株主総会議事録（特殊決議）（会783Ⅰ，804Ⅰ）
※公開会社の場合に限る</td><td>株主総会議事録（特別決議）
（会783Ⅰ，804Ⅰ）
＋
種類株主総会議事録（特殊決議）
（会783Ⅲ，804Ⅲ）
※割当てを受ける種類株式が，譲渡制限株式である場合を除く</td><td rowspan="2">—</td></tr>
<tr><td>対価が持分等（株式移転を除く）</td><td>総株主の同意書
（会783Ⅱ，804Ⅱ）</td><td>株主総会議事録（特別決議）
（会783Ⅰ，804Ⅰ）
＋
種類株主全員の同意書（会783Ⅳ）</td></tr>
</table>

3 組織変更の債権者保護手続

問題 3

① **合同会社が組織変更**をした場合の組織変更後の株式会社についてする登記の申請書には，当該合同会社が債権者の異議手続に係る公告を官報及び定款の定めに従って電子公告の方法によりしたときであっても，これらの公告及び知れたる債権者に対する各別の催告をしたことを証する書面を添付しなければならない。 ⇒✕

② **合名会社が株式会社**となる組織変更をする場合において，債権者に対する公告を官報のほか定款に定めた官報以外の公告方法によってしたときでも，組織変更による設立の登記の申請書には，知れている債権者に対して各別の催告をしたことを証する書面を添付しなければならない。 ⇒〇

2択の決め手！ 組織変更をする会社の種類をチェック

思考プロセスと解説

組織変更をする場合には，組織変更に関する事項について官報による公告及び知れている債権者に対する各別の催告をしなければなりません（会779条1項，2項，781条2項）。

しかし

設問①のように**株式会社又は合同会社が組織変更をする場合**において，債権者に対する公告を官報及び定款に規定される官報以外の公告方法によってしたときは，当該**催告をする必要はありません**（会779条3項，781条2項）。

もっとも

設問②のように**合名会社又は合資会社が組織変更**をする場合には，上記の二重公告をしたときでも，当該**催告を省略することはできません**（会781条2項後段参照）。

よって

設問②の登記の申請書には，当該催告をしたことを証する書面を添付しなければなりません（商登107条1項6号）。**合名会社又は合資会社が株式会社に組織変更をすると，無限責任社員が存在しなくなります**。このような場合には，債権者への影響が大きいため，債権者への各別の催告を省略することができないのです。

4 株式交換の債権者保護手続

問題4

① **株式交換完全親会社**が株式交換完全子会社の新株予約権付**社債を承継**する場合における株式交換完全親会社がする株式交換による変更の登記の申請書には，**株式交換完全親会社において**債権者保護手続をしたことを証する書面を添付することを要しない。 ⇒✕

② 株式交換完全親会社が株式交換に際して株式交換完全子会社の新株予約権の新株予約権者に対して当該新株予約権に代わる当該株式交換完全親会社の新株予約権を交付する場合において，株式交換完全子会社の新株予約権が新株予約権付**社債**に付されたものであるときは，株式交換による変更の登記の申請書に，**株式交換完全子会社において**債権者保護手続を行ったことを証する書面を添付しなければならない。

⇒○

2択の決め手！
株式交換完全親会社か株式交換完全子会社かをチェック

思考プロセスと解説

株式交換をする場合において，株式交換契約新株予約権が新株予約権付社債に付された新株予約権であるとき（会768条1項4号ハ），つまり，株式交換完全親会社が株式交換完全子会社の新株予約権付社債を承継するときは，株式交換完全親会社は，株式交換完全親会社の**債権者**に対して債権者保護手続をしなければなりません（会799条1項3号，2項，3項，5項）。

よって

設問①の登記の申請書には，株式交換完全親会社において債権者保護手続をしたことを証する書面を添付しなければなりません（商登89条3号）。なぜなら，完全親会社は完全子会社の社債を承継することで，新たに債権者が増加することになり，**既存の債権者は不測の損害を被る**からです。

株式交換完全子会社では

株式交換により，**新株予約権付社債の債務者が，完全子会社から完全親会社へと変更**されます。これにより，株式交換完全子会社の**社債権者**は請求先が株式交換完全親会社に変わることにより不利益になります。設問②の登記の申請書には，株式交換完全子会社において債権者保護手続を行ったことを証する書面を添付しなければなりません（商登89条7号）。

● 株式交換における債権者保護手続の要否

		完全子会社	完全親会社
株式交換	原則	不　要	不　要
	例外	完全親会社に承継される新株予約権付社債についての社債権者に対して必要	(1)　株式交換の対価が完全親会社株式以外の場合 (2)　完全子会社の新株予約権付社債が完全親会社に承継される場合 → すべての債権者に対して必要

チェックポイント

1 組織再編の性質

・**組織再編行為の性質に着目**

吸収合併において，消滅会社の債務の一部を，存続会社に承継させないことはできない

2 承認決議

・**吸収合併か吸収分割かをチェック**

吸収合併の対価として公開会社である消滅会社の株主に譲渡制限株式を交付する場合には，消滅会社において株主総会の特殊決議が必要となる　cf. 吸収分割

3 組織変更の債権者保護手続

・**組織変更をする会社の種類をチェック**

合名会社又は合資会社が組織変更をする場合には，二重公告をしたときでも，各別の催告を省略することはできない　cf. 合同会社

4 株式交換の債権者保護手続

・**株式交換完全親会社か株式交換完全子会社かをチェック**

株式交換完全親会社が株式交換完全子会社の新株予約権付社債を承継するときは，株式交換完全親会社は，株式交換完全親会社の債権者に対して債権者保護手続をしなければならない

直前期にやってはいけない勉強法

試験合格を目指すにあたって，直前期をどう過ごすかは非常に重要です。

そこで，多くの受験生が陥ってしまいがちなミス（**直前期にやってはいけない勉強法**）を紹介します。

結論からいうと，**手を広げる**，**インプットを全くしない**，**科目ごとの学習配分が偏る**，この３つが挙げられます。

●手を広げる

直前期学習は，**繰り返す回数を増やすことが非常に重要**になってきます。繰り返すことにより記憶が定着しやすくなるからです。それにもかかわらず，やみくもに手を広げてしまうと，繰り返す回数が減り，非効率的です。中途半端な知識は本試験現場では全く使えません。直前期に新たな教材に手を出すことは危険なので注意しましょう。

●インプットを全くしない

これもよくありがちです。確かに，直前期はアウトプットを中心に学習するのが有効ですが，インプットを疎かにしてしまうと，周辺知識等をブラッシュアップすることができにくいため，気をつけましょう。**演習して間違えた箇所や，あやふやな知識だと感じた箇所は，テキストに必ず立ち戻りましょう。**

●科目ごとの学習配分が偏る

月曜は民法だけ，火曜は不動産登記法だけというような計画は，あまり感心しません。触れなかった科目はそれだけ知識の鮮度が落ちるので，**一日に最低でも主要４科目（民法，不動産登記法，会社法，商業登記法）は，バランスよく取り入れましょう。**

以上の３つは意識しておきましょう。当然ですが，勉強できる時間には限りがあります。司法書士試験の学習範囲は多岐にわたるため，完璧を追及せずに**範囲を大胆に絞り込む勇気を持つ**ことが大切です。

会社法・商業登記法　第８編

商業登記法総論

13 商業登記法総論

イントロダクション

ここでは，商業登記法の総論である，登記期間の起算日，印鑑届出書，印鑑証明書の交付請求を取り扱っていきます。特に印鑑届出書に関しては，誰のどの押印に係る印鑑証明書を添付するのかを混乱することが多いので，設問を通してしっかりとイメージがもてるようにしましょう。

1 登記期間の起算日

問題 1

① **募集株式の発行**による変更の登記の申請は，払込期間を定めた場合，**払込期間の末日から２週間以内**に当該株式会社の本店の所在地においてしなければならない。 ⇒○

② **新株予約権の行使**による変更の登記の申請は，新株予約権の**行使の日から２週間以内**に当該株式会社の本店の所在地においてしなければならない。 ⇒×

２択の決め手！ 登記期間の特則に着目

思考プロセスと解説

会社の本店所在地における登記の登記期間は，**原則**として**登記事項の変更の効力発生日から２週間**となりますが（会915条１項），設問①，②はともにその例外となります。

設問①では

募集株式の発行において払込期間を定めた場合，株主はその期間内で払込みをした日に株主となるものの，便宜上，**募集株式の発行の登記をまとめて申請**させるため，**払込期間の末日から２週間以内に登記を申請すれば足りる**としています。

設問②では

新株予約権の行使のたびに個々に登記を申請するのは煩雑であるため，**新株予約権を行使した月の末日から２週間以内にまとめて登記を申請することが認められている**のです。

● 会社の本店所在地における登記期間の起算日

株式会社の設立＊1	持分会社の設立＊2	募集株式の発行（払込期間）	新株予約権の行使
設立の手続終了日等	（登記期間なし）	払込期間の末日	行使した月の末日

＊1 株式会社は登記をすることで成立するところ，その会社成立日（効力発生日）からの登記期間を観念することができないからである。

＊2 所有と経営が一致する持分会社では，定款を作成すれば社員と機関が確定するところ，設立手続に関する規定が存在せず，設立手続の終了時が観念できないからである。

2 印鑑届出書

問題 2

① 株式会社の代表取締役が印鑑を提出する場合は，**提出に係る印鑑**について，市区町村長の作成した証明書で，作成後３か月以内のものを添付しなければならない。 ⇒✕

② 会社の支配人が印鑑を登記所に提出する場合には，印鑑届書に，当該**支配人の印鑑につき**市区町村長の作成した証明書で作成後３か月以内のものを添付しなければならない。 ⇒✕

2択の決め手！ 何の印鑑に係る印鑑証明書なのかチェック

思考プロセスと解説

印鑑提出制度は，印鑑提出者の本人確認の手段であるため，印鑑届書の提出の際は，印鑑提出者の本人確認の書面を印鑑届書に添付しなければなりません。

設問①では

会社の代表者が印鑑を提出する場合ですので，印鑑届書に押印した代表者個人の印鑑につき，市区町村長の作成した印鑑証明書で作成後３か月以内のものを添付しなければならないのであって（商登規９条５項１号），**提出に係る印鑑についての印鑑証明書の添付が必要となるものではありません**。

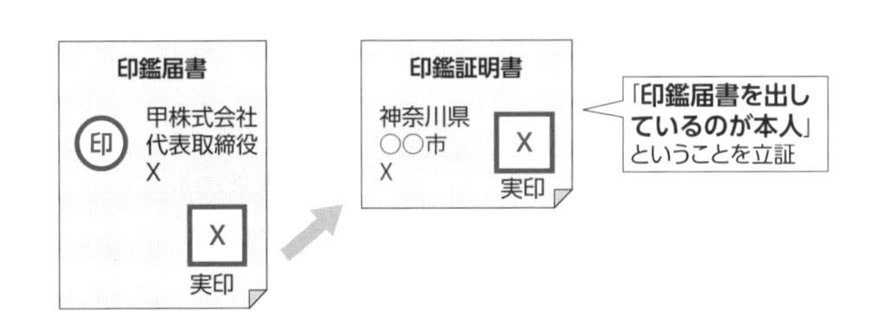

一方

会社の支配人が印鑑を登記所に提出する場合，印鑑届書には，**「会社代表者が支配人の印鑑に相違ないことを保証した書面」及び「保証書に押印した印鑑についての登記所作成の印鑑証明書で作成後３か月以内のもの」を添付**しなければなりません（商登規９条５項３号）。

なぜなら

この場合は，**保証しているのが代表取締役**ということを**立証する必要がある**ため，会社代表者についての登記所作成の印鑑証明書を添付する必要があります。支配人の印鑑についての印鑑証明書が必要となるものではありません。

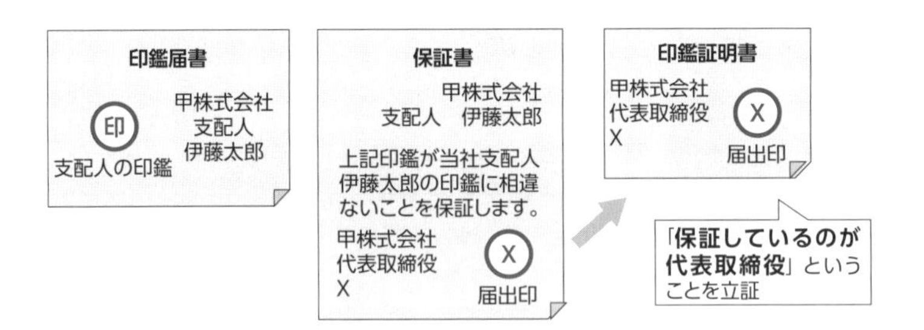

3 印鑑証明書の交付請求

問題3

① **代表取締役の職務執行が停止**された場合において，職務代行者が選任されているときは，当該職務執行が停止された代表取締役は登記所に印鑑を提出していても印鑑証明書の交付を受けることができない。

⇒○

② 会社について破産手続開始の決定があった場合には，**破産手続開始の決定を受けた当該会社の当時の代表取締役**は登記所に印鑑を提出していても印鑑証明書の交付を受けることができない。 ⇒×

2択の決め手! 印鑑証明書の交付請求を誰がしているかチェック

思考プロセスと解説

印鑑提出者は，登記所に提出した印鑑に係る印鑑証明書の交付を請求することができます（商登12条1項）。この登記所作成の印鑑証明書は，いわば会社代表者の身分証明書として取引を円滑に行うために役立つものです。

そして

設問①の**職務執行が停止された代表取締役は，印鑑を提出していても印鑑証明書の交付を受けることはできません**（昭40.3.16民甲581号回答）。職務の執行を停止されている者は，取引を行うことはなく，身分証明書として印鑑証明書を交付する必要はないからです。

一方

設問②のように破産手続開始の決定に係る登記後において，**破産手続開始の決定当時の代表取締役は，印鑑証明書の交付を請求することができます**（平23.4.1民商816号回答）。

なぜなら

破産手続開始の登記がされた会社における破産手続開始決定当時の代表者は，

破産手続開始決定によってはその地位を当然には失わず，**会社の組織に係る行為についてはその権限を行使することができる**からです（最判平21.4.17）。

● **印鑑証明書の交付請求者まとめ**

原則	印鑑を登記所に提出している者は，印鑑証明書の交付を請求できる（商登12 I）。
例外	① 登記記録上，存続期間が満了している会社の代表者 ② 裁判所の仮処分によって職務執行を停止された代表者（昭40.3.16民甲581号回答）

チェックポイント

1 登記期間の起算日

・**登記期間の特則に着目**

新株予約権を行使した場合は行使した月の末日が起算点となる
cf.募集株式の発行

2 印鑑届出書

・**何の印鑑に係る印鑑証明書なのかチェック**

支配人の印鑑証明書は提供不要

3 印鑑証明書の交付請求

・**印鑑証明書の交付請求を誰がしているかチェック**

破産手続開始の決定当時の代表取締役は，印鑑証明書の交付を請求することができる

会社法・商業登記法　第９編

その他の登記

14 その他の登記

イントロダクション

ここでは，本店移転に関する登記，一般社団法人及び一般財団法人の登記を取り扱っていきます。本店移転の登記に関しては，経由同時申請の手続の流れをしっかりと理解することがポイントとなります。一般社団法人・一般財団法人の登記に関しては，株式会社に近い制度設計になっていることを意識しつつ，社団と財団の違いから登記事項を押さえていきましょう。

1 本店移転に関する登記

問題 1

① 株式会社の**本店を他の登記所の管轄区域内に移転**した場合には，旧所在地を管轄する登記所宛ての申請書と新所在地を管轄する登記所宛ての申請書とを**同時に**，**旧所在地**を管轄する登記所に提出しなければならない。

⇒〇

② 株式会社の本店を甲県所在のＡ登記所の管轄区域内から乙県所在のＢ登記所の管轄区域内に移転する本店移転の登記を代理人によって申請する場合には，**Ａ登記所宛ての申請書及びＢ登記所宛ての申請書のいずれにも，代理人の権限を証する書面**を添付しなければならない。

⇒〇

経由同時申請の仕組みに着目

思考プロセスと解説

設問①の本店の管轄外移転があった場合における新所在地での登記は，旧所在地の管轄登記所を経由して，旧所在地での登記と同時に申請しなければなりません（経由同時申請　商登51条1項前段，2項）。これは，**併せて審査を行うことで，本店移転の登記申請の審査に矛盾が生じないようにする趣旨**です。

そして

本店の管轄外移転の登記を代理人によって申請する場合には，設問②のように，旧所在地宛ての登記の申請書及び新所在地宛ての登記の申請書のいずれにも，**代理人の権限を証する書面（委任状）を添付**しなければなりません（商登18条，51条3項）。

なぜなら

旧所在地分の登記と新所在地分の登記を併合審査する以上，同一の添付書面を重複して添付する必要性はないため，**委任状を除き，他の書面の添付は不要**です。しかし，**新所在地では，別途，同一商号，同一本店の会社がないかどうかの審査が行われる**ので，それぞれの申請書に委任状の添付が必要となります。

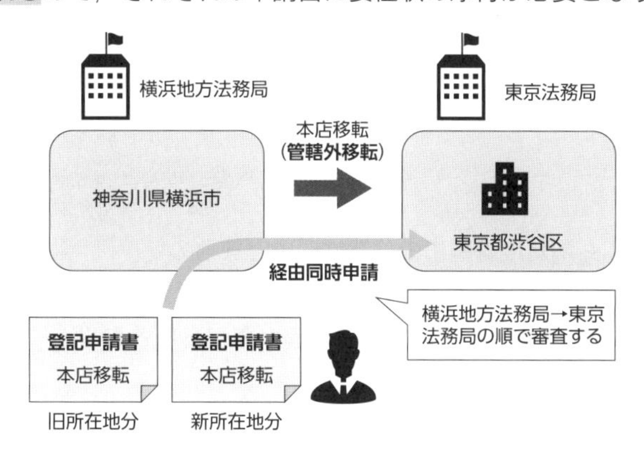

2 一般社団法人及び一般財団法人の登記①

問題 2

① 監事を置く一般社団法人の設立の登記の申請書には，登記すべき事項として，**監事を置く一般社団法人である旨**を記載しなければならない。 ⇒○

② 監事を置く一般財団法人の設立の登記の申請書には，登記すべき事項として，**監事を置く一般財団法人である旨**を記載しなければならない。 ⇒×

一般社団法人か一般財団法人かをチェック

思考プロセスと解説

監事を置く一般社団法人の設立の登記の申請書には，登記すべき事項として，監事を置く一般社団法人である旨を記載しなければなりません（法人301条2項8号）。

一方

一般財団法人（清算一般財団法人を除く）では，**監事が必置機関とされている**ところ，これをわざわざ登記する必要はないので，**監事設置一般財団法人である旨**は登記事項とされていません（法人302条2項参照）。

なお

一般財団法人も清算中は監事の設置は任意となるので，例えば，解散後も監事を置く旨の定款の定めのある一般財団法人が定款で定めた存続期間の満了により解散したときは，監事を置く法人である旨が登記事項となります（法人310条1項4号）。

● 登記事項の比較（法人301条2項，302条2項）

○：登記事項となる　×：登記事項とならない

	一般社団法人	一般財団法人
理事の氏名	○	○
代表理事の氏名及び住所	○	○
理事会を置く法人である旨	○	×
評議員の氏名	—	○
監事の氏名	○	○
監事を置く法人である旨	○	×*

＊　清算中は登記事項となる。

3 一般社団法人及び一般財団法人の登記②

問題 3

① 一般財団法人の**理事**の就任による変更の登記の申請書には，当該理事を選任した評議員会の議事録を添付しなければならない。 ⇒○

② 一般財団法人の**評議員**の就任による変更の登記の申請書には，当該評議員を選任した評議員会の議事録を添付しなければならない。 ⇒×

2択の決め手！ 理事か評議員かをチェック

思考プロセスと解説

一般財団法人の理事は評議員会の決議によって選任及び解任されるため（法人63条1項，70条1項），設問①の一般財団法人の理事の就任による変更の登記の申請書には，理事を選任した評議員会議事録を添付することになります（法人317条2項）。

一方

一般財団法人の評議員は，定款で定めた方法に従って選任及び解任されるため（法人153条1項8号），設問②の一般財団法人の評議員の就任による変更の登記の申請書には，評議員の選任及び解任の方法の定めのある定款及び評議員の選任を証する書面（必ずしも評議員会の議事録に限られない）を添付しなければなりません（法人317条2項，平20.9.1民商2351号通達）。

なぜなら

一般財団法人は，**財産の集まり**に法人格を認めるものでありますが，設立者の意思を重視する観点から，定款で定めた選任及び解任の方法に従って評議員を選任及び解任する必要があるのです。

● 評議員の就任の登記の添付書面

一般財団法人（定款で定めた選任方法）	① 定款及び定款で定めた選任方法で選任したことを証する書面 ② 評議員の就任承諾書 ③ 評議員の本人確認証明書*

＊ 再任の場合及び印鑑証明書を添付する場合は不要である。

チェックポイント

1 本店移転に関する登記

・経由同時申請の仕組みに着目

本店の管轄外移転の登記を代理人によって申請する場合には，旧所在地宛ての登記の申請書及び新所在地宛ての登記の申請書のいずれにも，代理人の権限を証する書面(委任状)を添付しなければならない

2 一般社団法人及び一般財団法人の登記①

・一般社団法人か一般財団法人かをチェック

監事を置く一般財団法人の設立の登記の申請書には，登記すべき事項として，監事を置く一般財団法人である旨を記載する必要はない　cf.一般社団法人

3 一般社団法人及び一般財団法人の登記②

・理事か評議員かをチェック

一般財団法人の評議員は，定款で定めた方法に従って選任及び解任される

編者紹介

伊藤塾（いとうじゅく）

毎年，司法書士，行政書士，司法試験など法律科目のある資格試験や公務員試験の合格者を多数輩出している受験指導校。社会に貢献できる人材育成を目指し，司法試験の合格実績のみならず，合格後を見据えた受験指導には定評がある。1995 年５月３日憲法記念日に，法人名を「株式会社法学館」とし設立。憲法の心と真髄をあまねく伝えること，また，一人一票を実現し，日本を真の民主主義国家にするための活動を行っている。
（一人一票実現国民会議：https://www2.ippyo.org/）

宇津木 卓磨（うつぎ・たくま）

伊藤塾司法書士試験科講師。
2012 年度司法書士試験合格。
2013 年第 12 回簡裁訴訟代理等能力認定考査合格。
大学卒業後，不動産会社に就職し，フルタイムで働きながら学習を開始し合格。自身の経験から勉強時間が少ない受験生の指導に力を入れている。「必要最小限の学習時間で受験生を合格に導く」という目標を達成させるべく，講義教材の制作やカウンセリングなどの受講生サポートにも精力的に取り組む。メリハリが利いた復習しやすい講義で毎年多くの合格者を輩出している。

伊塾藤　〒 150-0031　東京都渋谷区桜丘町17-5
https://www.itojuku.co.jp/

うかる！ 司法書士 勝負を決める２択集

2020年10月22日 1版1刷

編　者　宇津木 卓磨／伊藤塾

発行者　白石 賢
発行所　日経BP
日本経済新聞出版本部
発　売　日経BP マーケティング
〒105-8308　東京都港区虎ノ門4-3-12
装　丁　斉藤 よしのぶ
組　版　朝日メディアインターナショナル
印刷・製本　三松堂
ISBN978-4-532-41526-6
Printed in Japan

正誤に関するお問い合わせは，ウェブサイトの正誤表［https://nikkeibook.nikkeibp.co.jp/errata］をご確認の上，ご連絡は下記にて承ります。
https://nkbp.jp/booksQA
※本書についてのお問い合わせ期限は，次の改訂版の発行日までとさせていただきます。